Llengua

3

projecte duna

EDITORIAL TEIDE

EDUCACIÓ PRIMÀRIA

1379

Recursos digitals a www.teidedigital.com

El projecte Duna d'Educació Primària combina els llibres i quaderns en paper amb un conjunt de materials digitals destinats als alumnes i als mestres per treballar amb la pissarra digital de l'aula o bé a l'ordinador de l'escola o al de casa.

Audicions disponibles a www.teidedigital.com

Dictats

Expressió oral

Índex

1. ESTIMAT MAX **4**
L'alfabet / La invitació / La frase / La majúscula

2. LA PICABARALLA **16**
L'ordre alfabètic / El relat / Tipus de frases / Els signes de puntuació

3. LA ROSA NEGRA **28**
L'ordre de les paraules / El diàleg / El subjecte i el predicat / La síl·laba

4. QUE DESPISTAT! **40**
Els grups de paraules i el context / La descripció d'una persona /
Els noms comuns i els noms propis / L'accent

5. LA DANSA DE LA PLUJA **52**
Les paraules desconegudes / Les parts d'una narració /
Noms masculins i noms femenins / Els sons de la *e*

6. DESCOBRIM EL JAPÓ! **64**
Les paraules guia /La descripció d'un animal / Els noms en singulari en plural /
Els sons de la *o*

7. REPORTER PER UN DIA **76**
L'entrada de diccionari / La notícia / L'adjectiu / La vocal neutra

8. EL CÒMIC **88**
Les paraules derivades / El còmic / L'article / La *o* àtona

9. EL CONILL NAN **100**
Els diminutius i els augmentatius / La recepta/ Les contraccions / L'apòstrof

10. LISBOA, UNA CIUTAT AMB ENCANT **112**
Els noms d'oficis i establiments / La postal / Els possessius i demostratius /
La *b*, la *v*, la *m* i la *n*

11. POESIA, DE CAP A PEUS! **124**
La comparació / El poema / Els pronoms personals / Les grafies *g*/*gu* i *c*/*qu*

12. ABEL, L'AVENTURER **136**
El món dels nombres / La planificació d'un conte / El verb / La *j* i la *g*

13. L'OFICINA DEL PARE **148**
Els sinònims i els antònims / L'auca / Els temps verbals / La essa sorda i la essa sonora

14. L'ENTREVISTA **160**
Les paraules compostes / La descripció d'oficis / L'infinitiu / Les grafies *x* i *ix*

15. EL RIURE DE LA HIENA **172**
Els camps semàntics / L'entrevista / El verb *haver* / La lletra *h*

DICTATS **184**

AVALUACIÓ DIAGNÒSTICA **187**

TAULA DE CONTINGUTS **190**

1

ESTIMAT MAX

Abans de llegir

Autora: **Sally Grindley**

Ara llegiràs un fragment del llibre *Estimat Max*. L'autora es converteix en D. J. Lucas, una escriptora reconeguda que manté correspondència amb un nen de nou anys anomenat Max. Així, comença una relació per carta molt enriquidora, i tots dos creen un fort vincle d'amistat.

- I tu, has escrit mai una carta?
- A qui?

10 de gener

Estimada D. J. Lucas,

Per Nadal, el meu oncle em va regalar un llibre que has escrit tu. Es titula *Qui té por del valent més dolent?* M'ha agradat molt, sobretot perquè al final resulta que la nena és la més valenta de tots. És aquest llibre el que prefereixes de tots els que has escrit?

N'has escrit algun altre, de llibre?

Jo, quan sigui gran, vull ser escriptor.

Una abraçada,

Max
9 anys

D. J. Lucas
C. del Llapis, 30 - 98230 Viladelletres

Estimat Max,

Moltes gràcies per la carta. Estic molt contenta que t'hagi agradat *Qui té por del valent més dolent?* Jo trobo que hauria estat molt malament que al final guanyés el busca-raons de l'escola, no et sembla?

Sí, he escrit força llibres. Em sembla que l'última vegada que els vaig comptar me'n van sortir trenta-cinc, i ara estic a punt de començar-ne un altre. Els més famosos són *No t'hi atreveixes!*; *Mentre jo vigili, no ho faràs*; *La mestra està sonada*; *Cornflakes per sempre*, i *Torna'm el meu bumerang*.

Amb afecte,

D. J. Lucas

23 de gener

Estimada D. J. Lucas,

Trenta-cinc llibres són molts llibres! La meva mare diu que quan anem a la biblioteca mirarem si en trobem algun.

El meu mestre, que es diu senyor Vilarnassa (jo li dic Capdecarbassa), diu que sí que ha sentit a parlar de tu. Li vaig ensenyar *Qui té por del valent més dolent?* i em va dir que no l'havia llegit, així que li vaig explicar de què anava i va trobar que semblava molt interessant. Jo li vaig dir que era el llibre més bo que he llegit mai i em va contestar que un dia ell també se'l llegiria.

T'agrada escriure llibres?

Una altra abraçada,

Max
9 anys

PD: Estic molt content que no fessis guanyar el busca-raons de l'escola, tot i que a vegades els busca-raons sí que guanyen. En Cesc Vilagròs, de la meva classe, és un busca-raons. Jo li dic Cesc Culgròs, però no l'hi dic pas a la cara!

D. J. Lucas
C. del Llapis, 30 - 98230 Viladelletres

Estimat Max una altra vegada,

Sí, normalment m'ho passo molt bé quan escric, però a vegades la imaginació em falla i llavors em quedo mirant el full de paper en blanc i penso: «I ara què redimonis escric?». A vegades em passo tot un dia així, i al vespre encara sóc davant del full, amb totes les ungles menjades i moltes tasses de cafè buides. I llavors és quan no m'agrada ser escriptora. En dies com aquests m'estimaria més ser pescadora de canya!

Sort que de tant en tant se m'acut una bona idea! Espero que les lleixes de la biblioteca del teu poble estiguin plenes fins a dalt de tot de llibres meus!

Que t'ho passis molt bé llegint, Max.

D. J. Lucas

(Adaptació)

lleixa: prestatge per posar-hi coses damunt.

VOCABULARI

1 Escriu a la llibreta la paraula que correspon a cada definició.

signatura – sobre – remitent – segell

a) Persona que envia una carta a algú.
b) Bossa plana de paper que s'utilitza per posar-hi cartes, fulls, etc.
c) Tros de paper amb un dibuix o una fotografia que s'enganxa als sobres de les cartes quan s'han d'enviar per correu.
d) Firma de qui escriu una carta.

2 **Respon a la llibreta.**

a) Fixa't en la primera carta.
- Qui n'és el remitent?
- I el destinatari?
- Quin dia s'escriu la carta?

b) Què vol ser en Max quan sigui gran?
c) Quin llibre li ha regalat el seu oncle?
d) Quan l'hi ha regalat?

3 **Identifica els personatges.**

Max – D. J. Lucas – Cesc Vilagròs – Senyor Vilarnassa

4 **Encercla a la llibreta l'escena que correspon a l'última carta.**

L'alfabet

Aa	Bb	Cc	Dd	Ee	Ff	Gg	Hh	Ii	Jj
a	be	ce	de	e	efa	ge	hac	i	jota
1	2	3	4	5	6	7	8	9	10
Kk	Ll	Mm	Nn	Oo	Pp	Qq	Rr	Ss	Tt
ca	ela	ema	ena	o	pe	cu	erra	essa	te
11	12	13	14	15	16	17	18	19	20
Uu	Vv	Ww	Xx	Yy	Zz				
u	ve baixa	ve doble	ics	i grega	zeta				
21	22	23	24	25	26				

El català fa servir 26 lletres: 5 vocals i 21 consonants.

Curiositat

La ce trencada és el nom de la lletra c quan porta el signe ¸ (ç).

– L'**alfabet** o **abecedari** és el conjunt de lletres d'una llengua, posades en un ordre determinat.

5 **Classifica les lletres de l'alfabet en vocals i consonants, i apunta el nom de cadascuna al costat.**

Vocals	Consonants

6 **Descobreix la paraula amagada! Canvia els nombres per lletres, tenint en compte el lloc que ocupa cadascuna dins l'alfabet.**

18	1	20	15	12	9

La invitació

persona convidada

a què la conviden

Martí,

Et convido a la meva festa de disfresses el dissabte 4 de febrer a les 5 de la tarda.

qui la convida → Nora

C. del Taronger, 25, 1r

quan la conviden

on la conviden

EL CASAL DE LA VILA ← qui convida

Us convida, a petits i grans, a la xocolatada popular.
No hi falteu!

persones convidades

a què les conviden

quan les conviden → Dia: el dissabte 19 de novembre

Hora: 6 de la tarda

on les conviden → Lloc: Pavelló Municipal d'Esports

En una invitació no hi pot faltar:

- el nom de la persona convidada
- l'activitat a què la conviden
- la data en què se celebrarà l'acte
- el lloc on es fa l'activitat
- el nom de qui convida

– La **invitació** és un escrit breu que serveix per convidar algú a assistir a un acte o a participar en una activitat.

7 **Llegeix aquestes invitacions i contesta les preguntes que hi ha a continuació a la llibreta:**

MUSEU DE LA RAUXA

El dissabte 8 d'abril, a les 10 del matí, et convidem a la inauguració de l'exposició El fantàstic món dels dimonis i els nans.

Porta-hi un amic o amiga.

Ei, soci!

Si t'agraden les emocions fortes, el Club Híper 4 et convida al Parc dels Dinosaures els dissabtes i els diumenges del mes de novembre.

Presenta el carnet de soci i hi tindràs l'entrada gratuïta.

I recorda, vés amb compte de no ensopegar amb una petjada de dinosaure.

Hola, Jan!

Vols venir d'excursió aquest dissabte al Pedraforca?

Passarem per casa teva a les 9 del matí.

No t'adormis i, per cert, no et deixis la càmera de fotos!

Roger

a) Qui et convida en cada cas?

b) A què et convida?

c) Quan?

d) On?

8 **Escriu una invitació a un amic o amiga per convidar-lo a la teva festa d'aniversari.**

La frase

El que diu la Paula costa d'entendre. En canvi, en Martí ha ordenat les paraules de manera que, totes juntes, tenen sentit. En Martí ha fet una **frase**.

– Una **frase** és un grup de paraules ordenades de tal manera que el conjunt té un sentit.

9 **Ordena les paraules següents de manera que formin frases:**

a) El un peix tauró és.
b) dents tauró Les són del fortes molt.
c) Les mengen girafes herba.
d) girafa taques la té a La marrons pell.

10 **Inventa una frase per a cada personatge i escriu-la a la llibreta.**

a) 

b) 

c) 

La majúscula

– Els atletes s'han preparat a fons per a la cursa.
– Hi han participat vuitanta nens i nenes.
– Tot el poble és una festa.

Fixa't que les frases que acabes de llegir, el nom dels guanyadors de la cursa (Carla, Pere i Baldufa) i el nom del poble (Monells) comencen amb majúscula.

– S'escriuen amb **majúscula** la primera lletra de les frases i, també, la primera lletra dels noms de persona, animal i lloc.

11 **Completa aquesta taula a la llibreta amb tres paraules a cada columna.**

Noms de persona	Noms de lloc

12 **Escriu aquestes frases a la llibreta posant en majúscula les lletres que hi hagin d'anar:**

a) l'àvia ha rebut una postal de l'oriol.
b) el conill gris de la carme menja pastanagues i enciam.
c) els meus avis viuen a tarragona i jo, a puigcerdà.
d) la mònica té els cabells arrissats.
e) la boira és la gata de la martina.

Curiositat
El nom del teu animal de companyia també s'escriu amb majúscula.
Ex.: Baldufa.

HISTÒRIES DE L'ÀVIA

1. Ordena la història que explica l'àvia.
2. Qui va donar permís perquè l'àvia i el seu germà es quedessin el gosset?
3. Quin nom li van posar? Per què?
4. Agrupeu-vos per parelles i expliqueu una història de por al vostre company o companya. Si no en sabeu cap, us la podeu inventar.

HEM TREBALLAT...

Continguts

LÈXIC

- L'**alfabet** o **abecedari** és el conjunt de lletres d'una llengua, posades en un ordre determinat.

EXPRESSIÓ ESCRITA

- La **invitació** és un escrit breu que serveix per convidar algú a assistir a un acte o a participar en una activitat.

GRAMÀTICA

- Una **frase** és un grup de paraules ordenades de tal manera que el conjunt té un sentit.

ORTOGRAFIA

- S'escriuen amb **majúscula** la primera lletra de les frases i, també, la primera lletra dels noms de persona, animal i lloc.

Competències bàsiques

1 **Imagina que falten quinze dies per al teu aniversari i vols organitzar una gimcana al parc del costat de casa teva per celebrar-lo.**

Inventa una targeta d'invitació per als amics que hi vols convidar. Recorda't de fer-hi constar totes les dades (hora, lloc, etc.). Un cop escrita, llegeix-la en veu alta i revisa bé el text i que no t'hi hagis oblidat cap dada important.

Expressió escrita

Produir textos argumentatius amb l'estructura i el lèxic adequats a les intencions i al destinatari.

Practica'n + al quadern de competències bàsiques

2

LA PICABARALLA

Abans de llegir

Autor: Claude Boujon

Aquesta **faula** narra els malentesos que tenen dos conills veïns fins que un dia la visita d'un intrús els fa canviar d'actitud.

Fixa't en les il·lustracions i contesta.

- Què creus que passarà?

Vet aquí dos caus, l'un al costat de l'altre. En un, hi vivia en Brunot, un conill castany; en l'altre, en Grisot, un conill gris.

Al començament de ser veïns, s'avenien molt.

Al matí se saludaven cordialment:

–Bon dia, Brunot –deia el conill gris.

–Bon dia, Grisot; sembla que farà bo, avui –responia el conill castany.

Un bon dia, però, van deixar d'avenir-se.

En Brunot es va enfadar:

–Quin conill més brut: sempre sóc jo qui ha d'escombrar les seves deixalles! Li hauria de caure la cara de vergonya!

L'endemà va ser en Grisot qui es va queixar:

–Però que t'has tornat boig? Abaixa el volum de la ràdio!, ni jo mateix em sento quan rosego les pastanagues!

Cada dia discutien per una cosa o altra.

Aleshores en Brunot va prendre una gran decisió:

–Faré una paret per no haver de veure més aquell rondinaire –va dir tot content.

Però en Grisot no s'ho va prendre gens bé. Va agafar una pica i va tirar a terra la paret.

Després d'això, és clar, van tenir una picabaralla.

–Vàndal destructor! –va cridar en Brunot.

–Lladre d'espai! –va replicar en Grisot.

I van acabar esbatussant-se.

Llavors va aparèixer una guineu afamada. «Ves per on!, dos conills que es barallen: seran una presa fàcil», va pensar.

S'hi va llançar al damunt. Sort que els conills se'n van adonar i van entrar d'un bot al mateix cau per escapar-se de la guineu.

–No us en sortireu pas! A un o a l'altre atraparé –va afegir.

Però mentre la guineu palpava a cegues el fons del cau, els dos conills, unint les seves forces, van excavar una galeria cap al cau veí.

vàndal: persona que destrueix o fa malbé les coses per gust.

esbatussar-se: barallar-se donant-se cops.

presa: animal que ha estat capturat per un altre.

palpar: explorar, examinar.

Quan la guineu començava a estar neguitosa perquè no trobava res, els conills van sortir d'un bot per l'altre cau i van marxar ben lluny.

Després d'aquell dia, en Brunot i en Grisot tornen a ser amics. Gairebé mai no discuteixen i han conservat la galeria que uneix els dos caus. Així, fins i tot quan plou, poden visitar-se l'un a l'altre i, si cal, barallar-se sense mullar-se.

(Adaptació)

VOCABULARI

1 **Relaciona les paraules o expressions contràries a la llibreta.**

entrar	lluny
a prop	mullat
sec	sortir
amic	antipàtic
simpàtic	enemic

2 **Respon.**

a) Què fa en Brunot per no haver de sentir el seu veí?
b) Com reacciona en Grisot?
c) Com acaba la picabaralla entre els dos conills?
d) Qui arriba mentre s'estan esbatussant?

3 **Què fan els dos conills quan apareix la guineu? Encercla la resposta correcta a la llibreta.**

4 **Què fa llavors la guineu?**

5 **Al final de la història, què han aconseguit els dos conills? Explica l'ensenyament que podem treure d'aquesta faula.**

6 **I tu, què creus que haurien d'haver fet els dos conills per no discutir? Explica-ho breument.**

L'ordre alfabètic

búystia figuera zebra

abcdefghijklmnopqrstuvwxyz

Les paraules que acabes de llegir estan ordenades d'acord amb l'ordre que segueixen les seves inicials dins l'alfabet.

Aquest ordre és molt útil, per exemple, per fer la llista dels companys de la classe de tercer o ordenar les paraules del diccionari.

– L'**ordre alfabètic** és l'ordre que segueixen les lletres de l'alfabet.

7 **Quins grups de paraules estan ordenats alfabèticament? Marca'ls.**

a) sol – pardal – núvol
b) búfal – dau – gota
c) fantasma – linx – zebra
d) armari – xumet – baldufa

8 **Escriu un mot davant i un altre darrere de cadascuna d'aquestes paraules seguint l'ordre alfabètic:**

a) baldufa corona cullera
b) ___ esquirol ___
c) mà matalàs ___
d) ___ taula ___

9 **Col·loca aquests mots a la casella corresponent seguint l'ordre alfabètic:**

piano – goma – regle – flauta – bolígraf

acordió		estoig			guitarra	llapis			xilòfon

El relat

BOLETS MÀGICS

Era un dia de tardor quan l'avi Benet i el Tim, el seu inseparable gos, van anar a fer un volt pel bosc del Tallat.

Després de caminar durant una hora, el Tim estava mort de set i s'aturà en un petit rierol a beure aigua. De sobte, l'avi Benet va veure a la soca d'un vell arbre un bolet preciós! Era el bolet més perfecte que hagués vist mai. Era d'un color vermell molt intens i tenia unes petites taques blanques. Quan es disposava a agafar-lo, un nan sortí d'entre els matolls i aturà l'avi.

–Sisplau, no l'agafeu! És el meu paraigua!

Des d'aquell dia, l'avi decidí que mai més no agafaria res de res sense abans preguntar-ho.

temps personatges lloc fets desenllaç

El conte que acabes de llegir és un relat. Un **relat** és una història que es conta o s'escriu. Hi ha relats inventats i relats que expliquen fets reals, és a dir, que han passat de debò.

Un relat conté, normalment, una sèrie d'informacions. En un relat no hi poden faltar aquests elements:

- Els **personatges**: qui intervé en la història.
- Els **fets**: què passa als personatges.
- El **temps**: quan passen els fets.
- El **lloc**: on passen els fets.
- El **desenllaç**: com acaba la història.

– Un **relat** és una narració de fets reals o imaginaris.

10 **Llegeix el conte i respon les preguntes a la llibreta.**

LA GALLINA DELS OUS D'OR

Fa molt i molt de temps, en un galliner hi vivia una gallina que ponia ous d'or. El seu amo, que els volia vendre a molt bon preu cada matí, va pensar: «Si els ous d'aquesta gallina són d'or, el seu ventre deu ser una mina». Així doncs, un matí la va matar creient que es tornaria ric en un tres i no res. Quan va veure que el ventre d'aquella gallina era com el de qualsevol altra, es va adonar del disbarat que havia fet. Havia matat la gallina dels ous d'or!

(Conte tradicional)

a) Qui intervé en el conte?
b) Quan passen els fets que s'hi narren?
c) On passen?
d) En què consisteixen?
e) Com acaba la història?

11 **Inventa un conte a partir d'aquests dibuixos i escriu-lo a la llibreta:**

Tipus de frases

Aquests personatges diuen la mateixa frase, però cadascun ho fa amb una entonació diferent.

- Quan expliquem coses, fem servir frases **enunciatives.**
- Quan fem preguntes, fem servir frases **interrogatives.**
- Quan expressem por, alegria, insatisfacció o pena, fem servir frases **exclamatives.**

12 **Pronuncia aquestes frases de manera que es noti si són enunciatives, interrogatives o exclamatives:**

a) Avui hi ha truita per sopar.
b) Avui hi ha truita per sopar?
c) Avui hi ha truita per sopar!
d) L'Eloi anirà de vacances a Irlanda!
e) L'Eloi anirà de vacances a Irlanda.
f) L'Eloi anirà de vacances a Irlanda?

13 **Relaciona aquestes explicacions amb les il·lustracions:**

Explica què li passa. – Expressa que no li agrada una cosa. – Fa una pregunta.

Els signes de puntuació

– El verd, el groc, el blau i el gris són colors.
– L'avió és un mitjà de transport.
– Vols venir amb mi al cinema?
– És la millor pel·lícula que he vist mai!

Fixa't que:

- Fem servir la **coma** (,) per separar paraules d'una llista.
- Les frases enunciatives acaben amb un **punt** (.).
- Les frases interrogatives acaben amb un **signe d'interrogació** (?).
- Les frases exclamatives acaben amb un **signe d'admiració** (!).

– La coma, el punt, el signe d'interrogació i el signe d'admiració són **signes de puntuació.**

14 **Escolta com el mestre o la mestra llegeix les frases següents i escriu un signe d'interrogació o d'admiració on calgui:**

a) Prefereixes sopa o verdura ____
b) Demà anirem d'excursió ____
c) A quina hora comença la festa ____
d) Quin embolic que t'has fet ____
e) Em recomanes aquest llibre ____

15 **Llegeix aquestes tres frases, que contenen una llista de paraules. Posa la coma on correspongui.**

a) El mag va treure del barret un conill un colom un canari i un ratolí.
b) El cuiner ha barrejat aquests ingredients: farina dos rovells d'ou aigua ametlles i sucre.
c) Els dits de la mà es diuen: polze índex dit del cor anular i dit petit.

VOLS RIURE?

1 On té lloc la conversa entre la Laia i el seu germà?

2 De què parlen durant tota l'estona?

3 T'agrada explicar acudits? En saps cap?

4 En un full de paper, escriviu dos o tres acudits que conegueu i expliqueu-los en veu alta a la resta de la classe.

HEM TREBALLAT...

Contingut

LÈXIC

- L'**ordre alfabètic** és l'ordre que segueixen les lletres de l'alfabet.

EXPRESSIÓ ESCRITA

- Un **relat** és una narració de fets reals o imaginaris.

GRAMÀTICA

- Quan expliquem coses, fem servir frases **enunciatives**.
- Quan fem preguntes, fem servir frases **interrogatives**.
- Quan expressem por, alegria, insatisfacció o pena, fem servir frases **exclamatives**.

ORTOGRAFIA

- La coma, el punt, el signe d'interrogació i el signe d'admiració són **signes de puntuació**.

Competències bàsiques

1 **Per parelles, trieu un conte curt o una faula que us agradi. Escriviu-lo en un full fent prèviament un guió d'escriptura, seguint aquest esquema:**

- **Quin és el títol del conte?**
- **Qui són els protagonistes de la història?**
- **Què hi passa?**
- **Com acaba?**

Després, llegiu-lo davant la resta de la classe en veu alta, intercalant cadascú un paràgraf. Feu-ho sense córrer i amb l'entonació adequada.

Expressió escrita
Identificar l'estructura pròpia d'un text narratiu.

Comprensió lectora
Llegir en veu alta un conte amb l'entonació i expressivitat adequades.

Practica'n + al quadern de competències bàsiques

3

LA ROSA NEGRA

Abans de llegir

Autor: Michel Amelin

A continuació llegiràs un **text teatral** carregat de misteri.

L'àvia Berta i en Càndid es presenten cada any al Concurs Internacional de Jardineria, i enguany han preparat una trampa per enxampar el traïdor que sempre malmet les flors més boniques que s'hi presenten. Llegeix el text atentament i sense perdre'n cap detall.

- T'agraden les històries de detectius? Per què?

Personatges

Àvia Berta
Càndid
Senyora Amèlia
Senyor Gastó
Susi Palop
Comte de Gomina

Narrador

*Aquesta és una història de detectius... S'acosta el Concurs Internacional de Jardineria i tots els membres del club en volen ser els guanyadors. L'*Àvia Berta *ha inventat una flor de mentida per enxampar el traïdor que sempre fa malbé les roses dels altres participants...*

ESCENA I

(En Càndid *truca a la porta de casa l'àvia.)*

Càndid: Bona tarda, àvia.

Àvia Berta: Passa, passa, Càndid, que t'he d'explicar el meu pla.

(Es dirigeixen cap a l'hivernacle que té l'àvia al mig del jardí.)

Àvia Berta: Mira, Càndid *(li ensenya un test amb una preciosa rosa negra amb les vores vermelles)*, et presento el meu últim invent: es diu Dràcula. Què et sembla?

Càndid: És fantàstica! Segur que guanyaràs el Concurs Internacional de Jardineria.

hivernacle: lloc cobert on es conreen plantes protegint-les del fred.

ÀVIA BERTA: Càndid, això no és una rosa, és una trampa! L'he pintat i l'he perfumat perquè faci bona olor i sembli de veritat.

CÀNDID: Una trampa? Però per a què?

ÀVIA BERTA: Per enxampar un traïdor. Resulta que al club, cada cop que algú s'inventa una nova rosa, una mà misteriosa la fa malbé perquè vol guanyar el concurs. El traïdor ha de ser algun dels membres del club.

CÀNDID: I aquests membres del club són els convidats d'aquesta tarda, oi?

ÀVIA BERTA: Sí. La senyora Amèlia, que és una dona grassa, xerraire, i el seu marit, en Gastó, que en canvi és molt prim i antipàtic. També hi ha la Susi Palop, guapíssima, i el Comte de Gomina, que és un gran esportista i un senyor molt elegant.

CÀNDID: Doncs jo t'ajudaré a esbrinar qui és el traïdor. M'amagaré dins l'hivernacle i vigilaré bé.

ESCENA II

(En CÀNDID *s'amaga en un racó de l'hivernacle, darrere una planta bastant grossa.)*

SENYORA AMÈLIA: Berta, estimadeta! Diu que t'has inventat una rosa nova... Quina alegria!

SENYOR GASTÓ: Si vostè guanya el concurs, l'Amèlia i jo ens posarem la mar de contents.

*(Truquen a la porta. L'*ÀVIA BERTA *obre i entren la* SUSI *i el* COMTE DE GOMINA.*)*

ÀVIA BERTA: Gràcies, amics... Abans de res, Susi, moltes gràcies per venir a regar-me les flors mentre jo era fora de vacances. Et pots quedar la clau de l'hivernacle per si et necessito un altre cop.

Susi: Que calladet que ho tenies, Berta! Fa quinze dies, quan vaig venir a regar les roses, no en vaig veure cap de nova...

Comte de Gomina: Últimament la nostra Berta està molt misteriosa.

Àvia Berta: Bé, esteu tots preparats? *(Tots s'aproximen a la torreta amb la rosa.)* Amics, us presento la Dràcula, la futura estrella del Concurs Internacional de Jardineria.

(El Comte de Gomina *s'acosta a l'*Àvia Berta *i l'avisa que s'arrisca massa ensenyant la rosa. L'*Àvia Berta *li explica el seu pla. Li diu que a la nit vigilarà l'hivernacle i així atraparà el traïdor.)*

Senyora Amèlia: La Berta tornarà a guanyar el concurs. Amb les hores que hem dedicat tu i jo a la nostra rosa, la Camil·la. I tot per a res!

Senyor Gastó: No t'amoïnis, ja buscarem una solució.

(Tots dos es miren i somriuen amb mala intenció.)

ESCENA III

*L'*Àvia Berta *i en* Càndid *passaran la nit a l'hivernacle. Van a buscar sacs i s'hi tanquen amb clau. S'estiren a terra mig amagats entre les plantes. Al cap d'una estona s'acaben adormint. De sobte, senten un soroll de vidres trencats. Veuen com una ombra avança pel passadís: és la silueta d'una persona amb passamuntanyes i vestida amb un abric llarg. Es treu una ampolleta de la butxaca i n'aboca el contingut al test del roser.*

Càndid: Aturi's! Està detingut!

(L'ombra fa un bot i fuig corrents. En Càndid *segueix la persona, però no la pot atrapar.)*

Càndid: Àvia, no li he pogut veure la cara, però em penso que sé qui és el culpable...

torreta: test, vas de terrissa per posar-hi plantes.

passamuntanyes: peça de roba gruixuda que tapa el cap, el coll, les orelles i part de la cara i que serveix per protegir-se del fred.

Àvia Berta: Digues, digues...

Càndid: Escolta bé, àvia, i respon les meves preguntes:

–Qui té la clau de l'hivernacle?

–Qui no pot enfilar-se per la reixa?

–Qui sabia que aquesta nit dormiries a l'hivernacle?

Àvia Berta: Que llest que ets, noiet! Per entrar a l'hivernacle, el traïdor havia de trencar el vidre; per tant, la Susi no ha pogut ser perquè tenia la clau. El traïdor s'ha enfilat a la reixa amb molta facilitat; per tant, descartem la senyora Amèlia, que està molt grassa. Qui sabia que jo avui dormiria aquí? El Comte, és clar, jo mateixa l'hi he dit aquesta tarda. Només queda en Gastó.

Càndid: Sí, ell és el traïdor!

Àvia Berta: Gràcies a tu, Càndid, hem descobert el misteri!

Càndid: Àvia, i ara quina rosa presentaràs al concurs?

Àvia Berta: Suposo que no et pensaves que anava a posar en perill la meva obra, no?

*(L'*Àvia Berta *treu d'un racó de l'hivernacle una torreta amb una meravellosa rosa de color brillant amb un viu negre a la vora dels pètals.)*

Àvia Berta: Càndid, et presento la rosa Vampir. Amb aquesta segur que guanyo el primer premi!

(Adaptació)

VOCABULARI

1 Busca aquestes paraules al diccionari. Quina no pertany al camp semàntic de les flors? Copia-la a la llibreta.

rosa – dàlia – tulipa – clavell – estornell – gessamí

2 **Copia a la llibreta les paraules que descriuen aquests personatges del text:**

elegant – xerraire – guapa – grassa – prim – antipàtic – esportista

a) Senyora Amèlia
b) Senyor Gastó
c) Susi Palop
d) Comte de Gomina

3 **Com es diu la rosa que ha inventat l'àvia Berta per enxampar el traïdor? Fixa't en les imatges i encercla-la a la llibreta.**

a

b

c

d

4 **Què fa en Càndid per esbrinar qui és el traïdor?**

5 **Finalment, quina flor presenta l'àvia Berta al concurs? Com és?**

6 **I tu, si fossis en Càndid, què hauries fet per descobrir el traïdor? Explica-ho.**

L'ordre de les paraules

Al mig del jardí hi havia una bassa amb un brollador que era un peix de pedra. De la boca del peix, en sortia un rajolí d'aigua.

Maria Antònia COLOM, *Els ànecs de Vilablanca*

Les paraules que apareixen destacades en color comencen amb la lletra b. Per ordenar-les, doncs, ens haurem de fixar en la segona lletra.

bassa   boca   brollador

- Si volem ordenar dues o més paraules que comencin per la mateixa lletra, ens hem de fixar en la **segona lletra** i posar-les en ordre a partir d'aquesta. Si la segona lletra també coincideix, ens fixarem en la **tercera lletra**.

7 **Apunta a la llibreta els mots de cada grup ordenant-los alfabèticament.**

a) idea – iglú – indi – iceberg

b) sal – sucre – soroll – secret – somni

8 **Observa aquestes fotografies i escriu, en ordre alfabètic, el nom de les coses que hi apareixen:**

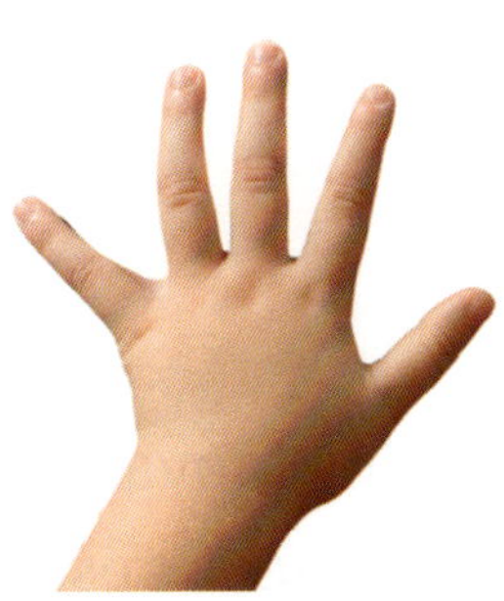

9 **Ordena alfabèticament aquests mots. Fixa't que tant la primera lletra com la segona són la mateixa.**

a) torre – tomàquet – tobogan – tona

b) espia – escala – estrella – esglaó

El diàleg

POL: Rita, quan digui «tres», obre l'aixeta.
RITA: D'acord.
POL: Ens haurem d'afanyar. Ja són les tres.
RITA: Ei, que va!
POL: Però què fas?
RITA: El que has dit, Pol. He obert l'aixeta quan has dit «tres».

En un diàleg, cada vegada que parla un personatge es comença una línia nova, s'apunta el nom d'aquest personatge seguit de dos punts (:) i, a continuació, s'escriu el text que diu.

– Un **diàleg** és una conversa entre dos o més personatges.

10 **Ordena el diàleg següent i copia'l:**

Riiing, riiing!

ÀVIA: Sóc l'àvia, Clara! Com ha anat l'excursió?
CLARA: Digui? Qui és?
ÀVIA: Què és el que t'ha agradat més?
CLARA: Molt bé, àvia.
CLARA: El taller de fang. T'he fet un gerro que t'agradarà molt.

11 **Escriu en forma de diàleg el que diuen aquests personatges:**

Recorda
En un diàleg, cal començar una línia nova i fer servir els dos punts (:) cada vegada que parla un personatge.

El subjecte i el predicat

La princesa viu en un castell encantat.

La princesa | viu en un castell encantat.
subjecte | predicat

– Les frases estan formades per dues parts: el subjecte i el predicat.
- El **subjecte** és la part que indica de qui o de què parlem.
- El **predicat** és la part en què diem què fa o com és el subjecte.

12 **Construeix frases relacionant cada subjecte amb un predicat.**

L'ogre	viuen al bosc.
Els follets	prepara una poció.
La bruixa	és ombrívol i fosc.
El bosc	espanta la princesa.

13 **Completa les frases següents amb un subjecte:**

a) ___ fa volar un estel.
b) ___ regava els geranis del terrat.
c) ___ fabrica un vaixell de paper.
d) ___ s'ha enfilat per la paret.

14 **Omple els espais d'aquestes frases amb un predicat:**

a) Els motoristes ___.
b) El conill ___.
c) L'Èlia ___.
d) Les noies ___.

La síl·laba

Rata d'escala

Això era una rateta
que embrutava l'escaleta:

hi escampava cagallons
menudets com perdigons.

Fins que un dia li van dar
metzinetes per sopar.

Va deixar, així, la rateta
d'embrutar aquella escaleta.

Miquel Desclot

Fixa't en la paraula rateta. La pronunciem amb tres cops de veu: ra-te-ta. Cada cop de veu s'anomena **síl·laba**.

La paraula rateta té una síl·laba que sona més forta que les altres: ra-**te**-ta. Aquesta síl·laba és **tònica**. Les altres síl·labes de la paraula són **àtones**.

15 **Separa les síl·labes de les paraules següents:**

escala – pastanaga – papallona – jardí – llibreta

16 **Forma paraules amb aquestes síl·labes:**

lle	da	ga

qui	rol	es

bra	com	es

17 **Separa les síl·labes d'aquestes paraules a la llibreta i subratlla'n la síl·laba tònica:**

escaleta – embrutar – sopar – menut – llibre – rateta

Curiositat

Hi ha síl·labes que estan formades només per una vocal.
Ex.: te-a-tre.

INTERFERÈNCIES TELEFÒNIQUES

1 Identifica cada situació amb l'audició corresponent. N'hi ha una que no correspon a cap de les que has sentit. Saps quina és?

2 Tria una d'aquestes converses i escriu-ne el guió en un full. Després, compara'l amb el que hagi fet un company o companya.

HEM TREBALLAT...

Continguts

LÈXIC

– Si volem ordenar dues o més paraules que comencin per la mateixa lletra, ens hem de fixar en la **segona lletra** i posar-les en ordre a partir d'aquesta. Si la segona lletra també coincideix, ens fixarem en la **tercera lletra**.

EXPRESSIÓ ESCRITA

– Un **diàleg** és una conversa entre dos o més personatges.

GRAMÀTICA

– Les frases estan formades per dues parts: el subjecte i el predicat.
  - El **subjecte** és la part que indica de qui o de què parlem.
  - El **predicat** és la part en què diem què fa o com és el subjecte.

ORTOGRAFIA

– Una **síl·laba** és cada cop de veu amb què pronunciem una paraula.
– La **síl·laba tònica** d'una paraula és la que pronunciem amb més força. Les altres síl·labes s'anomenen **àtones**.

Competències bàsiques

1 **Per parelles, llegiu en veu alta l'escena III de la lectura. Un de vosaltres farà d'Àvia Berta i l'altre, de Càndid. Recordeu-vos de donar l'expressivitat adequada als personatges tenint en compte les acotacions que hi apareixen.**

Comunicació oral

Interactuar en diferents situacions comunicatives utilitzant estratègies diverses i tenint en compte la situació comunicativa.

Practica'n + al quadern de competències bàsiques

4

QUE DESPISTAT!

Abans de llegir

Autor: **Josep Gregori**

La Teresa té un pare que és tan despistat, que fins i tot oblida el dia de l'aniversari de la seva filla. Tot i així, dels disbarats del pare la Teresa n'acaba aconseguint una cosa fantàstica!

- I tu, ets gaire despistat?

El meu pare és un despistat. I, com que és un despistat, li passen coses molt grosses. De vegades, se'n va a treballar amb un peu descalç, o s'emporta el meu joc de bales en comptes de l'entrepà. Unes altres vegades, en comptes de deixar-me a la porta de l'escola, em deixa al parc.

Encara sort que la meva mare, el meu avi i jo sempre estem alerta per si fa algun disbarat.

exprés: expressament, volent.

Cada any, quan arriba l'aniversari de la meva mare, encara que el meu pare no li regali res ella no s'enfada. Ja sap que no ho fa exprés.

S'acostava el meu aniversari i jo em preocupava cada dia de recordar-li-ho, perquè no volia que el meu pare s'oblidés de comprar-me algun regal.

Ell, sense aixecar el cap dels seus paperots, tots plens de ratlles, dibuixos i nombres, em deia:

–Teresa, ja sé que dijous és el teu aniversari.

–No, dijous no, és divendres –responia jo.

–D'acord, Teresa, dimecres. És que et pensaves que em podria oblidar d'una cosa així?

Però quan va venir a buscar-me a l'escola no em va portar res. Ni dimecres, ni dijous, ni tampoc divendres, que era en realitat el dia del meu aniversari.

–No has oblidat res? –li vaig preguntar aquell divendres mentre tornàvem cap a casa.

–A veure... –va dir pensarós–. Tinc l'ordinador portàtil, he comprat el pa...

–Sí, i avui és el meu aniversari... –vaig dir enfadada.

Em va mirar, però no em va dir res. La meva mare tenia guàrdia a la feina, és a dir, no tornaria a casa fins a l'endemà. Aquell aniversari es presentava d'allò més trist.

Quan vam arribar a casa, vaig ajudar el meu pare a fer el sopar. Ell callava. Estava distret, cavil·lós, i somreia de tant en tant.

Una mica més tard es va tancar al seu despatx i jo em vaig quedar mirant la tele. Quin avorriment i quina tristesa més gran...

La porta del despatx es va obrir quan jo ja començava a adormir-me, i el meu pare va sortir-ne amb una cara radiant de felicitat.

–Tatatxan! –va exclamar, mostrant uns fulls de paper que duia a la mà.

Vam apagar la tele. M'havia escrit un conte meravellós de dracs galàctics i princeses siderals que, a més, havia guarnit amb uns dibuixos preciosos. Abans d'adormir-me el vaig llegir un munt de vegades. Aquell conte era molt especial. Era molt més bonic que qualsevol altre dels que tenia.

cavil·lós: pensarós.
sideral: relacionat amb les estrelles o amb els astres.
guarnir: decorar.

Aquella nit vaig somniar amb naus espacials i els personatges de la història que el meu pare havia inventat.

A partir d'aquell dia, encara que sé que no està bé, faig trampa al meu pare. De vegades li dic que torna a ser el meu aniversari, o que m'he portat molt bé a cal dentista, o que la mestra m'ha felicitat pels deures. I ell, quan arribem a casa, es tanca al despatx amb un grapat de fulls de paper i en surt sempre amb un conte preciós. Així, gràcies a les trampes i al fet que ell és tan despistat, ara tinc la millor col·lecció de contes del món.

(Adaptació)

VOCABULARI

1 Relaciona cada paraula amb el seu sinònim.

a) despistat	1. bonic
b) preciós	2. desorientat
c) radiant	3. pena
d) tristesa	4. brillant

2 **Respon les preguntes següents a la llibreta:**

a) Quins són els disbarats que pot arribar a fer el pare de la Teresa?

b) Llegint la frase La meva mare tenia guàrdia a la feina, és a dir, no tornaria a casa fins a l'endemà, quina feina penses que fa la mare de la Teresa? Explica per què.

c) Encercla a la llibreta què fa la Teresa mentre el seu pare es tanca al despatx.

a

b

c

d

d) Què fa el seu pare quan surt del despatx?

e) Què aconsegueix finalment la Teresa amb els actes despistats del seu pare?

3 **Ara, imagina que ets el pare de la Teresa i has d'inventar un conte. Escriu-ne un de breu seguint aquest esquema:**

- títol
- personatges
- lloc on passa
- temps en què passa
- fets o argument
- desenllaç

Els grups de paraules i el context

El boletaire es va endinsar al ___ amb el seu inseparable gos.

congost | poble | bosc

Si has de triar un mot per completar aquesta frase, segur que triaràs la paraula bosc. El que t'ha ajudat a escollir-la ha estat el context.

– El **context** d'una frase o d'una paraula són les altres frases o paraules que l'envolten i que ajuden a comprendre'n el significat.

4 **Escriu el nom d'aquestes fotografies al lloc corresponent segons el context:**

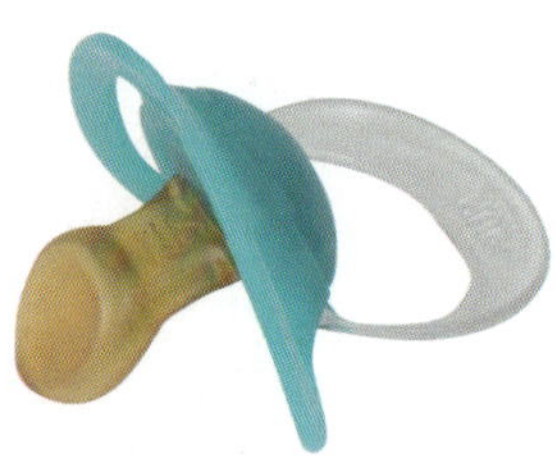

a) Quan el nadó ha perdut el ___, s'ha posat a plorar.
b) He fet un pastís de ___ boníssim.
c) Cada matí em bec un got de ___ per esmorzar.
d) En Biel està aprenent a tocar la ___.

5 **Llegeix els grups de paraules. Posa un títol a cadascun i ratlla a la llibreta el mot que no pertany al grup.**

a) margarida
rosa
violeta
orella

b) març
agost
dilluns
novembre

c) fuster
saler
banquer
hostessa

La descripció d'una persona

La Cèlia és una senyora alta i grassoneta. Té la cara ampla, i els cabells arrissats i de color castany. Té els ulls de color verd, i les celles primes i perfilades. Té el nas xato, la boca grossa i els llavis molsuts.

Porta una camisa virolada i una faldilla llisa de color morat. Duu sabates marrons sense tacó.

El que li agrada més és escoltar música clàssica i llegir novel·les de misteri.

Si volem elaborar una fitxa a partir de la descripció de la senyora Cèlia, ho farem així:

COM ÉS?

- És alta i grassoneta.
- Té la cara ampla.
- Té els cabells de color castany.
- Té els ulls verds.
- Té el nas xato.
- Té la boca grossa.

COM VA VESTIDA?

- Porta camisa virolada i faldilla.
- Calça sabates sense tacó.

QUÈ LI AGRADA FER?

- Escoltar música clàssica.
- Llegir novel·les de misteri.

– Quan expliquem com és algú amb detall i en diem totes les característiques, estem fent una **descripció**. Les descripcions de persones expliquen com són, com van vestides, què els agrada fer...

6 **Descriu a la llibreta algun membre de la teva família (germà, àvia, cosina...). Explica com és i què li agrada fer.**

7 **Llegeix la descripció d'en Lluc i fes-ne la fitxa a la llibreta.**

El meu nou veí es diu Lluc. És un nen alt i prim. És pèl-roig, té els ulls petits i marrons, i duu unes ulleres molt divertides, de colors.

Té la boca petita i, quan somriu, se li veuen totes les dents, que són molt blanques.

Li agrada anar vestit amb samarreta, texans i calçat d'esport.

És un nen molt simpàtic i divertit. Col·lecciona cotxes de joguina, i li agrada molt el teatre i jugar amb els amics.

8 **Descriu una persona que coneguis molt bé fent servir les paraules de la taula següent:**

Cos	alt o alta, baix o baixa, prim o prima, gras o grassa
Cara	pigada, rodona, allargada, blanca, morena; trista, alegre, seriosa
Cabells	rossos, castanys, negres, rojos; llisos, arrissats, rinxolats; curts, llargs; cua, trenes, diadema
Ulls	negres, blaus, marrons, verds
Nas	xato, aguilenc, llarg, gros
Boca	grossa, petita, de pinyó; llavis gruixuts, prims, molsuts
Peces de vestir	faldilla, vestit, samarreta, camisa, brusa, jaqueta, jersei, pantalons, mitges, mitjons, sabates, vambes, botes...
Gustos	jugar, llegir, escoltar música, mirar la televisió, fer esport, anar d'excursió, anar al cinema, col·leccionar coses

Els noms comuns i els noms propis

En Martí és un reconegut explorador. Durant el seu viatge a la selva del Congo va conèixer el Xim, el gos que l'acompanya en totes les seves aventures.

Les paraules explorador, selva i gos es refereixen a un tipus de persona, un lloc i un animal, respectivament. Són **noms comuns**.

Les paraules Martí, Congo i Xim indiquen com es diuen aquesta persona, aquesta selva i aquest animal concrets. Són **noms propis**.

- Els **noms comuns** designen tipus de persones, animals o coses.
- Els **noms propis** es refereixen a una persona concreta, un país, un riu, etc.

9 **Classifica els noms següents i escriu amb majúscula inicial els que n'hagin de dur:**

parís – gat – pepa – magrana – reus – alba – cortina – llapis

Noms comuns	Noms propis

Recorda
Els noms propis comencen amb majúscula.

10 **Completa aquestes frases a la llibreta amb el nom propi o el nom comú corresponent:**

Margarida – rovelló – rosa – Rovelló – Rosa – selva – margarida – Selva

a) Les flors que més m'agraden són la tulipa, la ___ i la ___.
b) Les meves amigues es diuen ___ i ___.
c) He anat a collir bolets i només he trobat un ___.
d) El meu gos es diu ___.
e) Aniré de vacances al poble de la ___ de Mar.
f) El meu jardí té les herbes tan altes que sembla una ___.

L'accent

Les paraules plàtans i préssecs porten una marca damunt la síl·laba tònica. Aquesta marca s'anomena **accent**.

L'accent de plàtans és diferent del de préssecs. L'accent de plàtans és un **accent obert** (`) i el de préssecs és un **accent tancat** (´).

- En català hi ha dos tipus d'accents: l'**accent obert** (`) i l'**accent tancat** (´).
  - La vocal a sempre porta l'**accent obert**.
  - Les vocals i i u sempre porten l'**accent tancat**.
  - Les vocals e i o poden portar l'**accent obert** o l'**accent tancat**.

11 **Observa quin accent porten les paraules destacades que diu la mare i col·loca-les a la casella corresponent.**

à	è	é	í	ò	ó	ú

12 **Escriu el nom d'aquests animals a la llibreta. Recorda que tots duen accent.**

UNA ORQUÍDIA!

1 Respon les preguntes següents:

a) On té lloc l'audició?

b) Quins personatges hi apareixen?

2 Fixa't en les imatges d'aquestes orquídies. Quina correspon a la descripció que se sent en l'audició?

3 Pensa en una planta o en una flor i, amb només cinc pistes, descriu-la en veu alta a la resta de la classe. A veure qui l'endevina!

HEM TREBALLAT...

Continguts

LÈXIC

- El **context** d'una frase o d'una paraula són les altres frases o paraules que l'envolten i que ajuden a comprendre'n el significat.

EXPRESSIÓ ESCRITA

- Quan expliquem com és algú amb detall i en diem totes les característiques, estem fent una **descripció**. Les descripcions de persones expliquen com són, com van vestides, què els agrada fer...

GRAMÀTICA

- Els **noms comuns** designen tipus de persones, animals o coses.
- Els **noms propis** es refereixen a una persona concreta, un país, un riu, etc.

ORTOGRAFIA

- En català hi ha dos tipus d'accents: l'**accent obert** (`) i l'**accent tancat** (´).
  - La vocal a sempre porta l'**accent obert**.
  - Les vocals i i u sempre porten l'**accent tancat**.
  - Les vocals e i o poden portar l'**accent obert** o l'**accent tancat**.

Competències bàsiques

1 **Fixa't en la il·lustració de la Teresa que apareix a la pàgina 40. Descriu-la a la llibreta amb el màxim detall. Després, imagina't què li deu agradar fer i afegeix-ho a la descripció. Llegeix el text en veu alta i compara el teu escrit amb el d'un company o companya. S'assemblen?**

Expressió oral

Planificar, produir i revisar un text descriptiu, i llegir-lo en veu alta davant de més d'un interlocutor.

Practica'n + al quadern de competències bàsiques

5

LA DANSA DE LA PLUJA

Abans de llegir

Autor: **Joan Portell i Rifà**

És el sant d'en Guiu i els seus avis li han regalat unes botes d'aigua que té moltes ganes d'estrenar.

- Fixa't bé en les il·lustracions. Què creus que passarà?
- Llegeix aquest fragment amb bona entonació i amb una velocitat adequada.

Aquell diumenge era el meu sant, i els avis m'havien regalat unes botes d'aigua marca No-et-mullis-els-peus de color vermell. Jo em delia per portar-les a l'escola i ensenyar-les a tots els meus companys i companyes de classe; ningú més no tenia unes botes d'aigua de color vermell, i encara menys d'aquella marca.

delir-se: desitjar una cosa amb molta força.

Ja em veia entrant al matí de dilluns per la porta de l'escola a càmera lenta, com una imatge de cinema, tothom girant-se mirant els meus peus, que, orgullosos d'anar tan ben calçats, anirien trepitjant tots els bassals del pati com qui no vol la cosa.

Tot just vaig tenir les botes a les mans, vaig anar cap a la finestra i vaig veure que ni el més petit nuvolet no s'atrevia a travessar aquell diumenge lluminós. Ràpidament vaig agafar el diari i, a la secció del temps, vaig mirar el mapa dels núvols, que no havia entès mai gaire.

–Mare, quin temps farà, demà?

I li vaig entaforar el diari davant el nas, just al mig de la tassa de cafè amb llet.

–Home, Guiu!... Bé, deixa-m'ho veure.

I, mentre es netejava les taques amb el tovalló, va mirar el diari, i va estar rumiant una estona.

–Segons l'home del temps, els núvols no ens taparan el sol ben bé fins dimecres.

Fins dimecres! Quan vaig sentir això, el cel em va caure a sobre. Justament fins dimecres, que toca gimnàs, i hem de portar vambes per poder córrer.

Quan em vaig recuperar del primer esglai, vaig prendre la ferma decisió d'estrenar tant sí com no les noves botes d'aigua de color vermell l'endemà mateix; i vaig posar mans a l'obra.

Jo recordava una pel·lícula on sortien uns guerrers pellroja ballant una dansa per cridar la pluja; així doncs, seguint el seu exemple, vaig agafar dues tapadores de cassola, el plomall de la pols, un pintallavis de la mare i altres coses com ara un cordill, un llençol vell i draps de colors ben virolats, ho vaig posar tot dins la bossa d'esports, i cap al terrat falta gent!

rumiar: pensar.
esglai: espant, por.

Al terrat no hi havia ningú, i vaig preparar-ho tot amb molta cura, mentre cantava cançons a la pluja, als núvols i al mal temps. El plomall a sobre el cap, el cos i la cara tots pintats, els draps penjats com una faldilla, les tapes de cassola a les mans i el llençol lligat a les antenes dels televisors com una tenda. I així vaig començar a cantar i ballar tot fent voltes.

Vaig estar ben bé una hora fent salts i crits i invocant un canvi de temps, fins que vaig sentir una veu per la porta de l'escala que cridava:

–Guiu, a dinar!

Ràpidament vaig plegar-ho tot, segur del meu èxit, i més sabent que a taula hi havia el pastís de poma que tant m'agrada. Ja podeu suposar la gràcia que els va fer, als pares, quan van veure el pintallavis gastat, i les dues tapadores de cassola abonyegades; i no en parlem, quan es van assabentar de l'esglai que havia tingut la senyora del tercer pis. En veure'm baixar corrents escales avall s'havia tancat a casa amb pany i clau pensant-se que jo era un dimoni escapat de l'infern.

abonyegada: plena de bonys.

L'endemà al matí, quan es va encendre el llum de l'habitació, el pare em va dir:

–Va, mandrós, que ja és hora de llevar-se. Apa, que avui podràs estrenar les noves botes d'aigua: plou a bots i barrals.

Quan vaig arribar a l'escola, tothom em mirava els peus, com m'havia imaginat. Jo, amb orgull, anava passejant pel pati, posant els peus dins tots els bassals, fins que vaig sentir una sensació de mullena que no entenia d'on podia venir. Alguna cosa no rutllava. Em vaig mirar els peus, i em vaig adonar que anava amb les sabatilles posades. Amb les presses i els nervis m'havia descuidat de posar-me les botes d'aigua. Però, així i tot, plovia.

(Adaptació)

VOCABULARI

1 **Relaciona cada paraula amb la seva definició.**

entaforar – esglai – plomall – virolat – abonyegat – mullena

a) Que és ple de bonys.
b) Estri per treure la pols que té un mànec i porta lligat un conjunt de plomes en un extrem.
c) Que és de diversos colors molt vius i cridaners.
d) Quantitat gran d'aigua o d'un altre líquid que mulla una persona o una cosa.
e) Ensurt, espant.
f) Posar una cosa en un forat o racó.

2 **Respon aquestes preguntes a la llibreta:**

a) De quin color són les botes d'aigua d'en Guiu?
b) De quina marca són?
c) Qui les hi va regalar?

3 **Encercla a la llibreta el dibuix que representa com anava vestit en Guiu per ballar la dansa de la pluja.**

4 **Imagina un altre final per al conte i escriu-lo a la llibreta.**

5 **I tu, què hauries fet per cridar la pluja?**

Les paraules desconegudes

A la festa de dissabte els convidats van fer molta gatzara.
El pare va trobar un esclata-sang al bosc.
Porta el braç dret en cabestrell.

Si no coneixes el significat d'aquestes paraules, pots consultar el **diccionari**. En aquest cas, hi diu:

gatzara gatzares (*f*) Soroll que fa un grup de gent quan estan contents.
esclata-sang esclata-sangs (*m*) Rovelló.
cabestrell cabestrells (*m*) Embenatge o mocador passat pel coll que serveix per aguantar el braç o la mà a l'altura del pit.

Curiositat
Fem servir el diccionari per comprovar si una paraula està ben escrita.

– El **diccionari** ens explica el significat de les paraules.

6 **Relaciona les fotografies amb el nom corresponent. Si no saps el significat d'alguna paraula, consulta-la al diccionari.**

a

bresca

b

diapasó

ribot

c

papaia

d

7 **Torna a llegir el text de la lectura i busca al diccionari les paraules que no coneguis. Escriu-ne el significat a la llibreta.**

Les parts d'una narració

PRESENTACIÓ

Ja fa anys i panys, quan encara els gossos no tenien cua, ni bigotis els gats, la terra de Galvània era un país d'allò més maco i agradable. No hi feia massa fred ni massa calor, els galvanesos no eren ni massa pobres ni massa rics. L'únic problema era que el rei que tenien, que es deia Pau, era més curt que les calces d'un futbolista.

Una vegada, l'espavilat rei Pau va fer matar, per decret, les set-centes setanta-set gallines de Galvània perquè deia que feien pudor. En una altra ocasió va fer tallar tots els arbres del país perquè deia que no li deixaven veure el bosc.

Els galvanesos van decidir posar-hi remei de seguida. Van anar a trobar el bruixot remeier, l'avi Pontic, per tal que els donés una solució.

NUS

–Mireu, el primer que heu de fer és construir-li un palau ben espaterrant, amb un jardí espaiós. En acabat, jo li donaré el meu remei màgic.

Els galvanesos van construir un palau reial de marbre i el rei Pau s'hi va traslladar sense pensar-s'ho dues vegades.

Al cap d'una setmana, els galvanesos es van adonar que el rei Pau no els sortia amb una capbuidada, i van córrer a agrair-ho a l'avi Pontic.

DESENLLAÇ

–Què li heu donat, avi?

–Un polset de mandra, una mica de gana, uns quants barrals de set, un dit de tantmefumisme i una bufada d'un polsim secret. L'he batejada amb el nom de Vacances.

L'avi Pontic va suggerir que, a partir d'aquell dia, el més eixerit dels galvanesos fes de primer ministre, i que tothom deixés que el rei Pau fes les seves vacances en pau.

– Una **narració**, com ara el conte, està formada per tres parts:
- la presentació,
- el nus,
- el desenllaç.

8 **Llegeix aquest conte:**

En un país molt llunyà hi havia una dona que tenia un fill. El noi era el més lleig de tots els nens que hi havia al món. La seva mare estava molt trista i patia en veure que el seu fill no era feliç per aquest motiu.

La mare del noi va anar a consultar amb el bruixot del bosc. El bruixot li va dir que l'única cosa que podia fer era convertir-lo en el noi més savi del món. Així doncs, van decidir intentar-ho.

El bruixot va agafar una olla plena d'un líquid màgic i va dir que calia fer-lo bullir durant un any i un dia, de manera que al final només en quedessin tres gotes. Aquell que es begués les tres gotes seria el savi entre els savis.

9 **Què passa al conte que acabes de llegir? Encercla-ho a la llibreta.**

a) No explica qui són els personatges principals.
b) Hi falta el final de la història.
c) És massa curt.

10 **Tria un d'aquests finals per al conte i completa'l a la llibreta:**

Al cap d'un any i un dia, el fill es va beure les tres gotes del líquid màgic i...

Després de fer bullir el líquid un any i un dia, en treure l'olla del foc, al bruixot li van caure les tres gotes a la mà i...

El bruixot tenia un ajudant. Li va encarregar que vigilés el líquid que bullia i que el remenés cada dues hores.

Noms masculins i noms femenins

Fixa't que el mot secret porta al davant les paraules el i un. És un nom **masculí**.

En canvi, el mot granota porta al davant les paraules la i una. És un nom **femení**.

Per tant, els noms poden ser masculins o femenins.

- Un nom és **masculí** si pot portar al davant el o un.
- Un nom és **femení** si pot portar al davant la o una.

11 **Classifica els noms següents segons que siguin masculins o femenins:**

grapadora – cabell – carpeta – llapis – revista – mussol
quadern – mà – xinxeta – dimoni – pastís – gavina

12 **Apunta tres noms femenins i tres noms masculins d'objectes que puguis veure a la fotografia.**

Els sons de la *e*

Mariners, com que bufa el vent,
cantem tots una cançoneta!
Mariners, com que bufa el vent,
cantem tots un petit moment.

I la veu del petit grumet
pujarà fins dalt de la cofa.
I la veu del petit grumet
sonarà com un vell concert.

(Cançó popular)

La vocal e dels noms vent i grumet sona diferent en cada cas.

La e de vent sona **tancada**, i la e de grumet sona **oberta**.

– La vocal e en síl·laba tònica pot sonar de dues maneres: **oberta** o **tancada**.

13 **Torna a llegir la cançó i apunta a la llibreta altres paraules que sonin com:**

a) vent: ______
b) grumet: ______

14 **Encercla a la llibreta la paraula d'aquests grups de paraules en què la e sona diferent de les altres:**

a) Sonen com la e de vent: paper, foguera, cotxet, fletxa, martell.
b) Sonen com la e de grumet: poema, peu, gel, follet, cullera, pesca.

EXPLICA'M UN CONTE!

1 **Quin és el títol de cadascun dels contes que has sentit?**

2 **A quina part (presentació o desenllaç) correspon cada fragment de conte?**

3 **Agrupeu-vos per parelles i prepareu el fragment d'un conte conegut.**

a) Aneu a la biblioteca i trieu el conte que us agradi més.

b) Un cop llegit, escolliu-ne un fragment.

c) Llegiu-lo a la resta de la classe.

d) Comproveu quina part del conte heu llegit.

e) Comproveu si heu encertat la resposta.

HEM TREBALLAT...

Continguts

LÈXIC

– El **diccionari** ens explica el significat de les paraules.

EXPRESSIÓ ESCRITA

– Una **narració**, com ara el conte, està formada per tres parts:
- la presentació,
- el nus,
- el desenllaç.

GRAMÀTICA

– Un nom és **masculí** si pot portar al davant el o un.
– Un nom és **femení** si pot portar al davant la o una.

ORTOGRAFIA

– La vocal e en síl·laba tònica pot sonar de dues maneres: **oberta** o **tancada**.

Competències bàsiques

1 **Torna a llegir el text de la pàgina 55. Escriu a la llibreta tots els noms que hi trobis i classifica'ls segons que siguin masculins o femenins. Un cop hagueu acabat, reviseu el resultat entre tots els companys.**

Expressió escrita

Identificar noms masculins i noms femenins d'un text narratiu i classificar-los.

Practica'n + al quadern de competències bàsiques

6

DESCOBRIM EL JAPÓ!

Abans de llegir

En aquest **article** coneixeràs el Japó i n'aprendràs moltes coses. Algunes potser ja les saps, però segurament n'hi haurà d'altres que no. Llegeix a poc a poc i amb atenció.

- T'agradaria anar al Japó? Per què?

Idioma oficial: japonès
Moneda: ien
Població: 127 milions de persones
Superfície: 377 915 km^2

El Japó és un país de forts contrastos i d'una gran riquesa cultural. És una barreja insòlita entre ciutats modernes i cosmopolites i unes formes de vida més tradicionals. D'una banda, hi ha indrets amb una arrelada tradició mil·lenària; i de l'altra, hi ha ciutats amb impressionants gratacels i els edificis més moderns del món.

EL JAPÓ TRADICIONAL

Kyoto és l'antiga capital del Japó. És considerada la capital cultural i espiritual del país, perquè és on es troben alguns dels temples i santuaris més famosos.

En les zones rurals predominen les cases tradicionals japoneses. Acostumen a ser de fusta i es caracteritzen per tenir espais molt amplis. Les portes s'anomenen *fusuma*, i són corredisses. Separen una habitació d'una altra. I a terra posen unes estores denominades *tatamis*.

Un carrer de Kyoto.

Els japonesos van sovint als temples per resar, purificar-se o bé comprar amulets. La majoria practiquen la religió budista.

Dones vestides amb quimono.

Grup de joves celebrant el Hanami.

El **quimono** és el vestit tradicional japonès. Avui en dia, els japonesos se'l posen en dies especials o en dies de festa. Hi ha quimonos femenins i masculins, i poden tenir diferents formes i estampats, cadascun amb el seu significat.

A l'abril se celebra la festa dels cirerers en flor, anomenada **Hanami**. Durant aquesta festa, els japonesos organitzen trobades i àpats sota aquests increïbles arbres florits.

Els principals ingredients de la gastronomia japonesa són el peix i el marisc cru, les algues i l'arròs. El sushi és el menjar més popular del Japó.

Sushi.

sushi: plat de la cuina japonesa elaborat a base d'arròs bullit envinagrat, acompanyat de peix o marisc, generalment cru, o de verdures.

EL JAPÓ TECNOLÒGIC

Benvinguts al futur!

Tòquio és la capital del Japó. S'hi concentra la principal activitat econòmica del país. Hi viuen uns trenta-cinc milions de persones!

Aquesta ciutat té una xarxa de transports gegant. Els seus habitants es desplacen bàsicament amb metro i ferrocarril, els quals es caracteritzen per la seva alta tecnologia i puntualitat. El **Shinkansen**, el tren d'alta velocitat, és conegut també com a *tren bala*.

Un carrer de Tòquio.

El Shinkansen o tren bala.

Quina fila!

Els japonesos tenen una gran passió pels videojocs i els dibuixos animats. Des de fa uns quants anys van iniciar la moda anomenada **cosplay**, que consisteix a disfressar-se d'un personatge de pel·lícula o un heroi del manga, el còmic japonès.

Grup de joves vestits a la moda cosplay.

Fira tecnològica.

Els japonesos són experts en alta tecnologia. Inverteixen una gran quantitat de diners en el disseny de tota classe de robots. Fins i tot, han creat robots amb forma humana!

Una de les coses que més agrada fer als japonesos quan no treballen és anar al **karaoke**. A les grans ciutats hi ha centenars de locals on poden cantar les cançons més famoses del moment i sentir-se veritables estrelles del pop, del rock o de qualsevol altre gènere musical.

PRECAUCIÓ, TERRA EN MOVIMENT!

El Japó és un país situat en una zona amb una alta activitat sísmica. Els japonesos estan acostumats a patir petits i grans terratrèmols al llarg de l'any. De ben menuts, els nens i nenes ja fan simulacres per saber com han d'actuar en cas de moviment sísmic. Els edificis, com també els gratacels, estan fets perquè puguin resistir les fortes sacsejades que pot ocasionar un terratrèmol. Aquest és un fenomen amb el qual han de conviure i que en molts casos, per desgràcia, ha ocasionat greus catàstrofes.

Cavall Fort (adaptació)

sísmica: relativa als moviments de la Terra, als terratrèmols.

VOCABULARI

1 Escriu el gentilici de cada país.

Japó – França – Colòmbia – Portugal – Xina – Rússia – Cuba – Brasil

2 Relaciona.

a

b

- quimono
- tatami
- *fusuma*
- sushi

c

d

3 Quina religió practiquen la majoria dels habitants del Japó?

4 Què és el Hanami? Explica-ho a la llibreta.

5 Quins són els principals mitjans de transport de Tòquio?

6 Identifica quina és la capital tradicional del Japó i quina la tecnològica, i escriu-ho a la llibreta.

a

b

7 A quin fenomen geològic estan constantment exposats els japonesos?

Les paraules guia

La paraula guia pèrgola indica que és la primera paraula definida de la pàgina esquerra del diccionari. La paraula guia permetre indica que és l'última paraula definida de la pàgina dreta.

pèrgola... 816

damunt. Abans del paper, la gent escrivia en pergamí.
2 Un pergamí és un escrit fet damunt de pergamí. Algunes biblioteques conserven pergamins molt antics.
apergaminar-se

pèrgola pèrgoles
nom femení — Una pèrgola és un conjunt de columnes que aguanten un enreixat com a sostre.

Una pèrgola

perícia perícies
nom femení — Una persona té perícia en una cosa quan la coneix bé o la sap fer anar perfectament. Els pilots amb moltes hores de vol tenen perícia.

perifèria perifèries
nom femení — 1 La perifèria d'una figura o d'un cos és el seu perfil, la seva part exterior.
2 La perifèria d'un lloc és la seva part més exterior, la que està més lluny del centre. La perifèria d'una ciutat és formada per barris més nous que el centre.
perifèric

perífrasi perífrasis
nom femení — 1 Una perífrasi és una frase o expressió que es fa servir amb el mateix significat que té una sola paraula. *Ciutat Comtal* és una perífrasi per dir *Barcelona*.
2 Una **perífrasi verbal** és una o més paraules, entre elles un verb, que van davant d'altres verbs i en modifiquen el significat. Hi ha perífrasis verbals d'obligació, de probabilitat, de freqüència, etc. *Cal que anem a passejar. Has de tractar-me millor.*

perill perills
nom masculí — 1 Un perill és qualsevol cosa que pot fer mal, provocar un accident o causar una desgràcia. Fumar mentre es posa gasolina al cotxe és un perill.
2 Una persona està en perill quan pot prendre mal fàcilment o li pot passar una desgràcia. Els bombers salven moltes vegades les persones que estan en perill de mort.
perillar

perillós perillosa perillosos perilloses
adjectiu — 1 Que té perill, que s'hi pot prendre mal. Algunes carreteres de muntanya tenen revolts perillosos.
2 Que pot fer mal, que pot provocar una desgràcia. Les persones violentes i cruels són perilloses.

perímetre perímetres
nom masculí — El perímetre és el perfil i el contorn d'una figura geomètrica plana; mesura d'aquest perfil o contorn. Es pot calcular el perímetre d'una circumferència.

període períodes
nom masculí — 1 Un període és un espai de temps durant el qual passa una cosa o s'ha de fer una cosa. La Revolució Francesa és un període de la història d'Europa.
2 El període és la menstruació.

periòdic periòdica periòdics periòdiques
adjectiu — 1 Que es repeteix a intervals o períodes fixos, de manera regular. La revisió periòdica del cotxe cada 15 000 quilòmetres ens assegura que tot funciona bé. Una publicació periòdica surt cada quinze dies, cada mes, etc.
nom masculí — 2 Un periòdic és un diari, una publicació que surt cada dia i explica les notícies.
periodicitat

periodista periodistes
nom masculí i femení — Un o una periodista és una persona que es dedica a la informació, a presentar i comentar les coses que passen, les notícies. Hi ha periodistes que treballen als diaris i a les revistes; d'altres ho fan a la ràdio i a la televisió. pàg. 932 (7)
periodisme, periodístic

peripècia peripècies
nom femení — Una peripècia és una cosa complicada que ens passa de manera imprevista, sense esperar-ho. El segrest d'un avió en ple vol és una peripècia dramàtica.

periple periples
nom masculí — 1 Un periple és un viatge que es fa donant molta volta i arribant al mateix lloc d'on s'ha sortit.
2 Per als antics, viatge amb vaixell al voltant d'un territori.

817 **...permetre**

periquito periquitos
nom masculí — Un periquito és un ocell petit, d'origen tropical, que es pot domesticar fàcilment i pot aprendre a imitar sons i paraules. Els periquitos són com lloros petits. N'hi ha de color verd, amb el cap groc i la cua blau fosc i ratlles negres i grogues a la part de dalt del cos. D'altres són grocs, verds, blaus i fins i tot blancs. S'alimenten de llavors.

Un periquito

perir
verb, com *servir* ◄ pàg. 28 — Morir o deixar d'existir una cosa. Actualment s'usa poc.
perible

periscopi periscopis
nom masculí — Un periscopi és un aparell que porten els submarins per a poder veure el que hi ha a fora. El periscopi pot pujar i baixar, i gira en totes direccions.
periscòpic

perit perita perits perites
nom masculí i femení. També *pèrit* — Persona que coneix molt bé un art, una ciència o una tècnica. Una perita en pintura diu si un quadre és autèntic o fals.

pèrit pèrita pèrits pèrites
nom masculí i femení — Perit.

peritar
verb, com *cantar* ◄ pàg. 26 — Dir, un perit o una perita, si una cosa és bona o no, donar la seva opinió sobre el preu d'una cosa. Quan un cotxe té un accident, un tècnic ha de peritar la importància dels danys i el preu de la reparació.
peritatge

perjudicar
verb, com *cantar* ◄ pàg. 26, Amb QU davant E, I — Causar perjudici a una persona o a una cosa. L'excés de treball pot perjudicar la nostra salut.

perjudici perjudicis
nom masculí — Un perjudici és un dany, un mal que es fa al funcionament, a la marxa o l'economia d'una persona o d'una cosa. Les inundacions causen molts perjudicis a l'agricultura.
perjudicial

perjuri perjuris
nom masculí — Una persona comet o fa perjuri quan jura en fals o no compleix el jurament que ha fet. Si el testimoni d'un fet jura que no ha vist res, comet perjuri.
perjurar

perla perles
nom femení — Una perla és una bola petita de nacre que es fa a la part de dins de les closques d'alguns mol·luscs com les ostres. Les perles tenen un color blanc gris i són lluents. Amb les perles es fan collarets i altres joies.
emperlar

perllongar
verb, com *cantar* ◄ pàg. 26, Amb GU davant E, I — 1 Fer més llarga una cosa afegint-hi una peça o un altre tros. Si un cordill és curt, el podem perllongar lligant-hi un altre cordill.
2 Deixar per a més tard, ajornar. Si una reunió es perllonga per a dijous vinent, es farà aquest dia i no avui.
perllongament

permanent permanents
adjectiu — 1 Que es manté en el mateix estat, que no canvia ni es mou, i dura molt de temps. Un museu de pintura es pot considerar una exposició permanent de quadres.
nom femení — 2 Una permanent és una ondulació dels cabells feta a la perruqueria i que dura molt de temps.
permanència

permeable permeables
adjectiu — Un cos és permeable si deixa passar un líquid o un gas a través seu. Si una jaqueta és permeable, quan plou et mulles.
permeabilitat

permetre
verb, com *perdre* ◄ pàg. 27, Diferències: *permès, permesa, permesos, permeses*; usat amb pronom — 1 Donar llibertat per a fer una cosa, deixar-la fer. Fer-se soci d'una piscina permet anar-hi a nedar sempre que es vulgui.
2 Fer que una cosa sigui possible. El bon temps ens permet sortir d'excursió.
3 **Permetre's** és prendre's la llibertat de fer una cosa. Quan tenim amistat i confiança amb una persona, ens permetem dir-li les nostres opinions francament.
permissible, permissiu, permissiva

P

– En un diccionari, les **paraules guia** es destaquen a la part superior de la pàgina.

8 **Obre el diccionari i escriu les paraules guia de les pàgines següents:**

30 i 31 — 120 i 121 — 264 i 265

9 **Busca aquestes paraules al diccionari. Després, apunta la paraula guia de la pàgina en què es troben.**

nècora – veta – argolla – eixam

La descripció d'un animal

L'ÓS BRU

L'ós bru (*Ursus arctos*) és un mamífer de gran volum que pot pesar entre 150 i 200 quilos i té una llargària aproximada d'uns 200 centímetres.

El seu pelatge és espès i abundant, generalment de color marró fosc. Tot i tenir unes orelles petites, té el sentit de l'oïda molt desenvolupat, així com un bon olfacte.

Bàsicament, és un animal omnívor que menja tubercles, herbes suculentes i petits animals. Com que a l'hivern té dificultats per aconseguir aliment, es reclou en cavitats amagades anomenades *osseres*, on resta inactiu durant els mesos de novembre fins a l'abril, aproximadament.

L'ós bru és un animal força solitari a qui no agrada viure en grans grups. Deixa força rastres per allà on passa. Les esgarrapades que fa als arbres i les petjades que deixa a terra ens donen una pista dels llocs per on passa.

Acostuma a reproduir-se entre maig i juny, i sol tenir entre una i cinc cries.

Viu a gran part dels boscos de Rússia, Alaska, el Canadà i alguns indrets de l'Europa central. Gràcies a la reintroducció d'aquesta espècie, trobem alguns exemplars d'ós bru al Pirineu. A Catalunya, n'hi ha al Pallars Sobirà, la Vall d'Aran i l'Alta Ribagorça.

– Les **descripcions d'animals** expliquen com és un animal, com i on viu, què menja, com es reprodueix i algunes curiositats sobre ell.

10 **Omple aquesta fitxa amb les dades de la descripció de l'ós bru que acabes de llegir:**

ÓS BRU

Nom científic:	Hàbitat:
Descripció:	Alimentació:
Pes:	Reproducció:
Llargada:	Curiositats:

11 **Completa la descripció d'una tortuga amb aquestes paraules:**

cap – arrodonida – cua – marines – ous – closca – aigua
terrestres – potes – rèptil – terra – plana

Una tortuga és un ____ que té el tronc tancat dins d'una ____ dura, de forma ____ per dalt i ____ per baix, amb forats per on surten el ____, la ____ i les quatre ____.

N'hi ha que són de ____, i d'altres que viuen a l'____.

Les tortugues ____ mengen plantes, i les ____ s'alimenten de crancs, meduses i peixos.

Les tortugues ponen ____.

12 **Omple la fitxa sobre la tortuga a la llibreta.**

TORTUGA

A quina classe d'animals pertany?
Com és?
On viu?
De què s'alimenta?
Com es reprodueix?

Els noms en singular i en plural

UNA VEGADA

Hi havia un gegant
alt com les muntanyes;
duia una gran capa
de teixit d'aranyes,
i com filets d'aigua
tenia els cabells.

Joana RASPALL (fragment)

Els noms gegant i capa es refereixen a una sola cosa. En canvi, els noms muntanyes, aranyes i cabells designen més d'una cosa.

- Un nom que es refereix a una sola cosa està en **singular**.
- Un nom que es refereix a més d'una cosa està en **plural**.

13 Llegeix aquest text. Després, classifica a la llibreta les paraules destacades segons que estiguin en singular o plural.

Dels avellaners cauen avellanes per
a l'esquirol, per al ratolí,
i per al gaig de plomes blaves.
Dels arbres cauen fulles de colors,
que cruixen i remoregen i fan brogit
quan la guineu camina pel bosc.

Ursula WÖLFEL, *Històries de cada dia* (fragment)

14 Completa aquesta taula amb objectes que hi hagi a la classe:

Singular (un o una)	Plural (més d'un o una)

Els sons de la *o*

La vocal o dels noms Roc i pop sona diferent. La o de Roc sona **oberta**, i la o de pop sona **tancada**.

– La vocal o en síl·laba tònica pot sonar **oberta** o **tancada**.

15 **Classifica aquestes paraules al grup corresponent:**

senyor – cargol – cigonya – mosca – rosa
bosc – tardor – petroli

a) Sonen com la o de sol:
b) Sonen com la o de pop:

16 **Fixa't en els dibuixos i classifica les paraules segons el so de la o:**

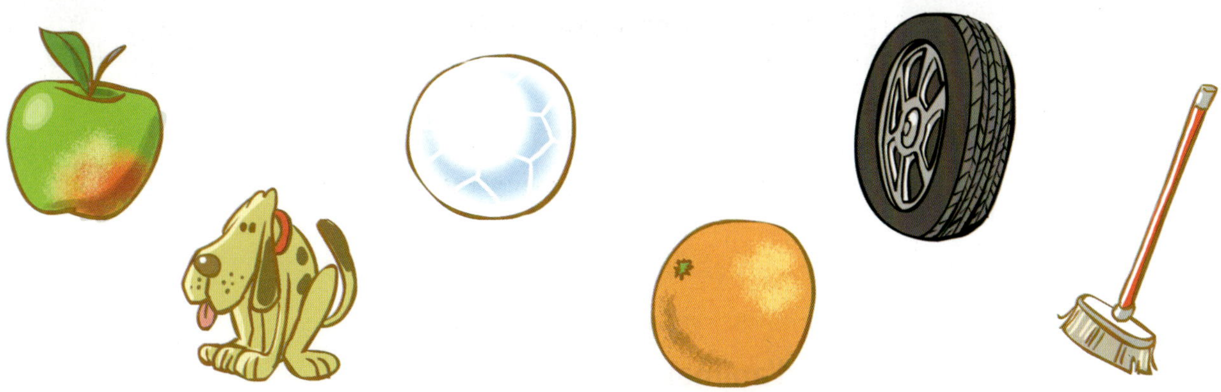

o oberta	o tancada

L'ORNITORINC

1. Identifica entre les imatges anteriors quina correspon a l'ornitorinc.
2. Quin tipus d'animal és?
3. On viu?
4. Què té de diferent de la resta d'animals mamífers?
5. Tria un animal d'aquesta pàgina i descriu-lo a la resta de la classe. Amb només tres pistes, a veure qui l'endevina!

HEM TREBALLAT...

Continguts

LÈXIC

- En un diccionari, les **paraules guia** es destaquen a la part superior de la pàgina.

EXPRESSIÓ ESCRITA

- Les **descripcions d'animals** expliquen com és un animal, com i on viu, què menja, com es reprodueix i algunes curiositats sobre ell.

GRAMÀTICA

- Un nom que es refereix a una sola cosa està en **singular**.
- Un nom que es refereix a més d'una cosa està en **plural**.

ORTOGRAFIA

- La vocal o en síl·laba tònica pot sonar **oberta** o **tancada**.

Competències bàsiques

1 **Busca informació sobre el teu animal preferit. Copia la fitxa de la pàgina 71 a la llibreta i omple-la amb la informació que has trobat. Després, fes una descripció completa de l'animal, de manera ordenada, amb totes les dades recollides en la fitxa.**

Expressió escrita

Aplicar estratègies de cerca i gestió de la informació per obtenir coneixement propi.

Practica'n + al quadern de competències bàsiques

7

REPORTER PER UN DIA

Abans de llegir

Les **notícies** de premsa parlen d'esdeveniments d'actualitat. Per això, es comença la notícia amb un titular que cridi l'atenció dels lectors i amb una descripció dels fets que tenen més importància. Sovint, les notícies d'actualitat s'acompanyen de fotografies que confirmen tot allò que el periodista escriu.

Fixa't en les fotografies de la notícia de la pàgina següent.

- De què creus que tracta?

Avui en Lluc farà de reporter!

A la revista que publica l'escola ha passat una cosa ben curiosa: hi ha dues pàgines en blanc perquè no hi ha sortit res imprès. Cal omplir-les amb alguna notícia d'actualitat!

El nostre jove reporter ha anat a la biblioteca i, remenant els diaris publicats aquesta setmana, ha trobat una notícia força interessant:

Dimarts, 27 de març del 2015

EL POBLE SAMI I EL CANVI CLIMÀTIC

L'augment de les temperatures està afectant l'estil de vida dels pastors de rens del poble sami

Els samis, coneguts també com a lapons, estan acostumats a viure en condicions molt dures, ja que habiten al nord de Noruega, on sempre fa fred. A l'hivern, es poden arribar a assolir 30 graus sota zero i, durant dos mesos sencers, el sol s'amaga i viuen pràcticament a les fosques.

El fred forma part de les seves vides, però ara que el canvi climàtic està fent pujar les temperatures, tot es podria complicar.

Al poble de Kautokeino, per exemple, hi viuen més de mil samis. La majoria dels seus habitants, com en Nil i els seus fills, sobreviuen gràcies als rens, uns animals enormes que passegen tranquil·lament pertot arreu.

Com han fet sempre, de generació en generació, els pares ensenyen als fills com es pot sobreviure en un lloc tan difícil. Per exemple, els expliquen les diferents tècniques per pescar. Primer han de saber trobar el llac, cosa que no és gens fàcil, perquè la neu ho tapa tot. Per sort, en Nil coneix tan bé la muntanya que de seguida el localitza. Després cal fer un forat a la neu fins a arribar a l'aigua, i aleshores ja poden començar a pescar.

Dimarts, 27 de març del 2015

Així ha estat fins ara. Però en els últims deu anys, la temperatura no ha parat de pujar i també hi plou molt més. La calor i la pluja han fet que els samis comencin a tenir problemes. Per exemple, la pluja i les temperatures altes provoquen que la neu es converteixi en gel, que és molt més dur. Si hi ha gel, és molt complicat fer-hi forats per pescar i els pastors de rens es queden sense el seu menjar principal.

Als rens també els passa una cosa semblant. Normalment, retiren una mica la neu i es cruspeixen les plantes que hi ha just a sota. Però si el gel substitueix la neu, no el podran traspassar i els serà impossible trobar aliments.

Per tot plegat, aquests dies, a Noruega, s'està fent una reunió entre científics i pastors. Junts busquen possibles solucions al problema. A més, es volen recollir tots els coneixements que tenen els samis sobre el seu entorn per ajudar els científics a conèixer millor aquest lloc tan desconegut del planeta. Volen saber, entre altres coses, com afecta el canvi climàtic a la neu.

Després de llegir això, en Lluc s'ha quedat una mica amoïnat. «Què faran en Nil i la seva família si la neu continua convertint-se en gel?» «Què menjaran els samis si no poden pescar?» «Per què puja la temperatura?»

Ha arribat el moment d'informar-se'n!

I tu? Saps què és el canvi climàtic? Coneixes altres parts del planeta castigades per aquest efecte?

VOCABULARI

1 **Busca al diccionari el significat d'aquestes paraules, relacionades amb la neu i el gel:**

gebre – desglaç – iceberg

2 **De què ha fet avui en Lluc? Encercla l'opció correcta a la llibreta.**

a) De pastor de rens.
b) De reporter.
c) De bibliotecari.

3 **On té lloc la notícia que s'explica?**

4 **Com es diuen els habitants d'aquesta regió?**

5 **De què viuen, principalment?**

6 **Quin és el principal problema amb què es troben? Encercla l'opció correcta a la llibreta.**

a) Que la temperatura ha baixat.
b) Que la temperatura ha pujat.
c) Que no hi ha variacions de temperatura.

7 **Per què no poden pescar si l'aigua es congela? Què és més dur, el gel o la neu?**

8 **Què creus que poden fer en Nil i la seva família davant d'aquest problema? Explica-ho a la llibreta.**

L'entrada de diccionari

cabdell *cabdells* nom masculí
Bola de fil enrotllat sobre ell mateix.

taronjada *taronjades* nom femení
Beguda feta amb suc de taronja.

mag *maga, mags, magues* nom masculí i femení
Persona que fa màgia.

Les paraules cabdell, taronjada, mag i rodó tenen una definició al diccionari.

rodó *rodona, rodons, rodones* adjectiu
Que té una figura circular, que té forma de roda.

– Una **entrada de diccionari** és la paraula que encapçala cada definició.

9 **Quina paraula buscaries al diccionari si hi volguessis consultar els mots següents? Comprova-ho.**

escriptora – pirates – valent – pàgines – petits – vaixell

Recorda
Al diccionari, els noms els busquem en singular, mai en plural.

10 **Escriu la frase correcta a la llibreta.**

a) Els noms, tant si són femenins com si són masculins, els busquem al diccionari en plural.
b) Els adjectius s'entren al diccionari en masculí singular.
c) Els noms, si tenen una forma per al masculí i una altra per al femení, els trobem al diccionari en la forma femenina.

11 **Busca al diccionari aquestes paraules, que tenen més d'un significat. Escriu-los a la llibreta.**

cap – cua – fulla – banc

La notícia

Diari **El Matiner** Cala Pedrosa, 15 de juliol del 2015

Compte amb les meduses!

Tres nens de l'esplai L'Esclat són víctimes de les picades d'una medusa

Ahir al matí dos nens i una nena, de 6, 9 i 11 anys, van haver de sortir ràpidament de l'aigua després que els va picar una medusa gegant.

Els nens, que són de l'esplai L'Esclat, van anar a passar el dia a cala Pedrosa. Quan van arribar a la platja, hi onejava la bandera vermella i, sense adonar-se'n, es van llançar a l'aigua d'una revolada. Tot va anar molt de pressa. Els monitors els van avisar, però ells ja eren dins l'aigua i no els van poder sentir. Al cap de pocs segons, quan s'estaven capbussant, una medusa enorme els va picar a tots tres.

En sortir de l'aigua, els tres protagonistes d'aquesta història tenien els braços i les cames ben vermells. Els socorristes i els voluntaris de la Creu Roja els van aplicar de seguida una bossa d'aigua salada amb gel per calmar el dolor i, mentrestant, els monitors van anar a la farmàcia a comprar una crema especial per a picades.

Després d'aquest petit ensurt, ha quedat totalment prohibit banyar-se en aquesta platja fins a nou avís. Un grup de biòlegs estan examinant la zona i intenten capturar la medusa per estudiar-la.

Amb la informació d'aquesta notícia podem omplir una graella com la següent:

Què ha passat?	Una medusa ha picat uns infants.
On ha passat?	A cala Pedrosa.
Quan ha passat?	Ahir.
Com ha passat?	Els infants no es van adonar que onejava la bandera vermella, es van llançar a l'aigua i els va picar una medusa.
A qui li ha passat?	A dos nens i una nena.

– Una **notícia** explica un fet que ha succeït, i ens diu on ha passat, quan i com ha passat, i a qui li ha passat.

12 **Llegeix aquesta notícia i completa a la llibreta la graella que hi ha a continuació:**

Desapareix *La cadira de Gauguin*

Roben el famós quadre de Vincent van Gogh

■ Sergi Domènech - Amsterdam

El món de l'art està commocionat per la desaparició, ahir diumenge, del famós quadre de Vincent van Gogh *La cadira de Gauguin*. Aquesta obra s'exposava al públic al museu dedicat a aquest famós pintor, a la ciutat holandesa d'Amsterdam.

Els fets van passar a les deu del matí, quan dues persones van entrar a la sala on hi havia el quadre i el van despenjar sense que sonés l'alarma. Alguns testimonis asseguren haver vist que dos homes pujaven en un cotxe gris amb un paquet i marxaven a tota velocitat.

Fonts de la policia han assegurat que es tracta de professionals, però no han donat més detalls de les pistes que segueixen per no entorpir la investigació.

De moment, només han confirmat que han trobat el cotxe en què van fugir els lladres a la rodalia de l'estació central de trens i que es tracta d'un cotxe robat.

Què ha passat?	
On ha passat?	
Quan ha passat?	
Com ha passat?	
A qui li ha passat?	

Recorda

En una notícia no hi pot faltar:

- Titular
- Què ha passat
- On ha passat
- Quan ha passat
- Com ha passat
- A qui li ha passat

13 **Escriu una notícia a partir de la informació següent:**

- Què ha passat? Han trobat un cadell abandonat.
- On ha passat? Al bosc.
- Quan ha passat? Dissabte passat.
- Com ha passat? Un nen i una nena que jugaven en un bosc han sentit un soroll i han descobert l'animal abandonat.
- A qui li ha passat? A un nen i una nena.

L'adjectiu

Les paraules quadrada, vermella i vella expliquen com és la maleta perduda.

Aquestes paraules són **adjectius**.

Com que la noia té dues maletes iguals, diu que són quadrades, vermelles i velles. En aquest cas, els adjectius estan en femení plural perquè concordin amb maletes, que també està en femení plural.

– Els **adjectius** són les paraules que ens diuen com són les persones, els animals i les coses, i adopten el **gènere** (masculí o femení) i el **nombre** (singular o plural) del nom que acompanyen.

14 **Descriu a la llibreta com és el teu estoig.**

15 **Omple els buits de les frases amb els adjectius següents:**

dolces – dur – pastós – calenta

a) No m'agrada el torró d'Alacant perquè és massa ____.
b) La xocolata desfeta se serveix ben ____.
c) No m'agraden les galetes ____, les prefereixo salades.
d) L'arròs ha bullit massa estona i m'ha quedat ____.

La vocal neutra

En alguns llocs on es parla català, la e final de poble i la a final de casa sonen igual perquè es troben en una síl·laba àtona. És el so de la **vocal neutra**.

Els plurals de poble i casa acaben igual, amb **-es**: pobles i cases.

En el cas de poble, hem afegit una s darrere la e. En canvi, a la paraula casa hi hem canviat la a final per es.

16 Escriu e en els noms masculins i a en els noms femenins.

caps___	llibr___	ombr___
par___	platj___	salz___
escal___	mobl___	caix___

Recorda

Els noms que en singular acaben en -a o en -e en plural acaben en **-es**.

17 Relaciona les paraules amb la forma del plural corresponent i escriu-les.

gallina · arbre · barba · himne · -s · -es · manta · cotxe · olla · pollastre

ESCOLTEM NOTÍCIES!

a

b

c

d

a) Hi ha vida en altres planetes?
b) Joves astronautes investiguen la Lluna
c) L'Índia envia un coet a Mart
d) Trobada de joves científics

1 **Identifica les imatges amb els titulars de les notícies que acabes de sentir. Però, compte, n'hi ha una que no correspon a cap d'elles. Saps quina és?**

2 **Inventa una notícia curta i explica-la com si fossis el presentador o la presentadora d'un telenotícies. Recorda que la notícia ha de ser entenedora i que has de parlar amb una entonació clara i pausada.**

HEM TREBALLAT...

Continguts

LÈXIC

– Una **entrada de diccionari** és la paraula que encapçala cada definició.

EXPRESSIÓ ESCRITA

– Una **notícia** explica un fet que ha succeït, i ens diu on ha passat, quan i com ha passat, i a qui li ha passat.

GRAMÀTICA

– Els **adjectius** són les paraules que ens diuen com són les persones, els animals i les coses, i adopten el **gènere** (masculí o femení) i el **nombre** (singular o plural) del nom que acompanyen.

ORTOGRAFIA

– En alguns llocs on es parla català, les vocals a i e àtones al final de paraula sonen igual. És el so de la **vocal neutra**.
– Els noms que en singular acaben en -a o en -e fan el plural **-es**.

Competències bàsiques

1 **Torna a llegir la notícia de la pàgina 82. Classifica a la llibreta els noms que hi apareixen segons que siguin masculins o femenins, i singulars o plurals. Revisa amb els companys el resultat obtingut i rectifica en cas que hagis comès algun error.**

Expressió escrita

Identificar estructures gramaticals per classificar-les.

Practica'n + al quadern de competències bàsiques

8

EL CÒMIC

Abans de llegir

En la creació d'un **còmic** hi intervenen moltes persones, com ara els guionistes i els il·lustradors. Ara llegiràs diferents còmics.

- T'agraden els còmics?
- Quin tipus de còmic t'agrada més?

Pesquis i Baliga

per VILADOMS

Expedició Taral·lirot

Text i il·lustracions: Corcal

VOCABULARI

1 A quin dibuix correspon cada onomatopeia?

Ha, ha, ha! | Nyam! | Zzz! | Atxim! | Muac!

2 Quin soroll fa cada animal? Relaciona-ho a la llibreta.

ihà

piu-piu

muuu

sss

3 **Descriu cada una de les seqüències del còmic d'Ot, el Bruixot.**

4 **Fixa't en el còmic de Pesquis i Baliga i encercla la resposta correcta a la llibreta.**

- Pesquis i Baliga van a comprar...
  a) Aigua.
  b) Llet.
  c) Sabó.
  d) Refrescos.
- Pel carrer, es troben...
  a) Dos turistes.
  b) Unes cosines seves.
  c) Uns lladregots.
  d) La seva mestra.
- Quin animal apareix en el còmic?
  a) Un gat.
  b) Un ratolí.
  c) Un gos.
  d) Una fura.

5 **En el còmic *Expedició Taral·lirot*...**

a) Quin temps fa al començament de la història?
b) A qui es menja el cargol?
c) Qui prepara la sopa?

Les paraules derivades

Quina mena d'oli era aquell? En Ramon va treure el tap de l'ampolla a poc a poc i en va olorar el contingut: semblava oli de coliflor. Va decidir que en posaria a l'arròs que estava cuinant. Així doncs, va destapar la cassola, hi va afegir l'oli de coliflor i la va tornar a tapar amb la tapadora perquè s'anés coent a foc lent. Estava segur que els convidats se'n lleparien els dits.

Les paraules destapar, tapar i tapadora pertanyen a la mateixa família. Totes tres s'han format a partir de la paraula tap. Per tant, són **paraules derivades** de tap.

– Les **paraules derivades** d'una mateixa família es formen a partir del mot primitiu d'aquesta família.

6 **Escriu els mots dels quals deriven aquestes paraules:**

taronjada **fusteria** **figuera** **dentista** **alzinar**

7 **Completa a la llibreta les frases següents amb paraules derivades de neu:**

a) No es pot circular per la carretera perquè ha caigut una forta ____.
b) No ha parat de ____ durant tota la nit i ara el jardí és tot de color blanc.
c) Si vols beure l'aigua fresca, desa-la a la ____.

8 **Busca tants derivats com puguis de cada paraula.**

llibre **aigua** **taula** **pastís**

Exemple: llibre → llibreter

El còmic

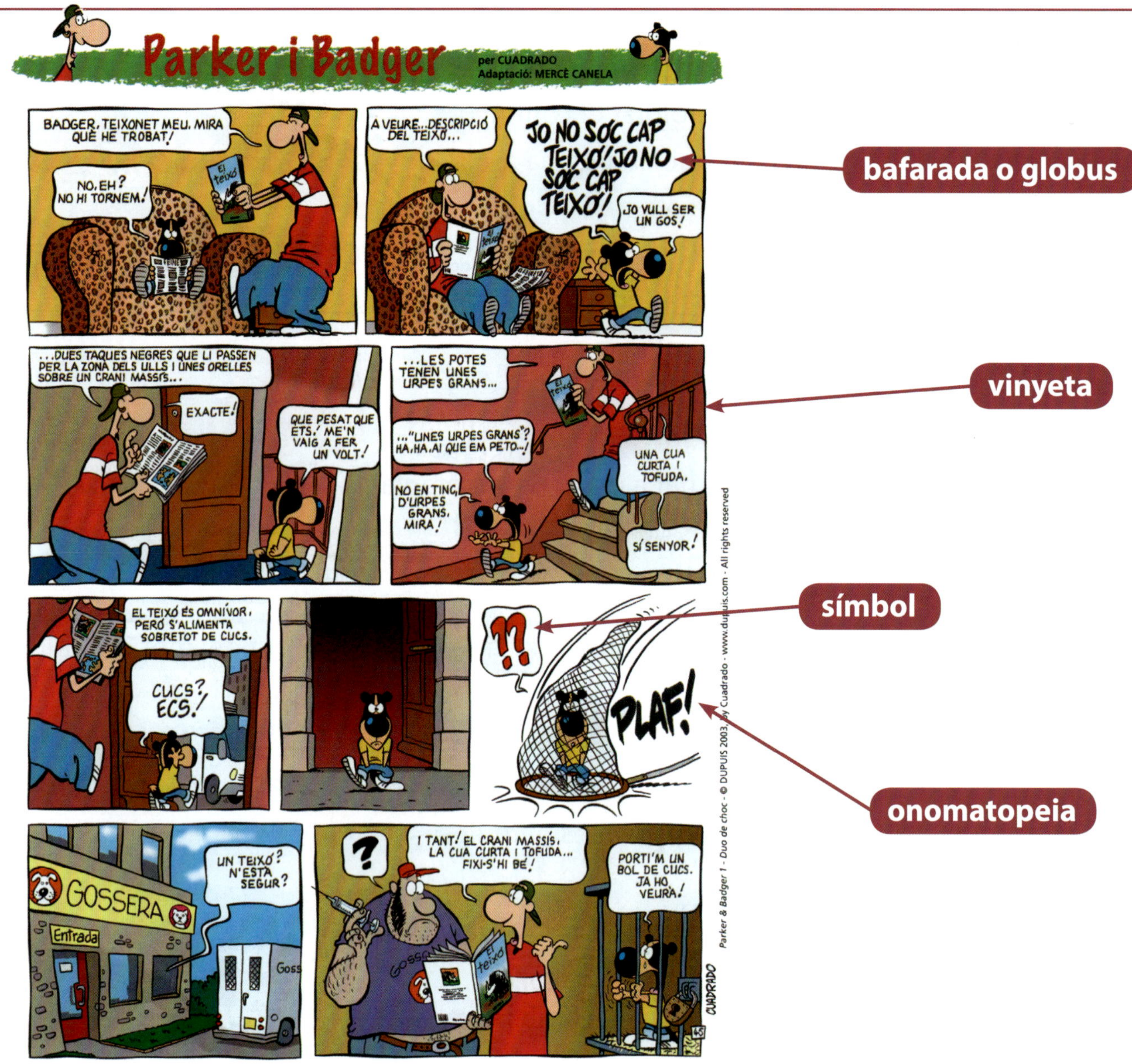

En un còmic no hi poden faltar aquests elements:

- Les **vinyetes**: cadascun dels dibuixos que formen el còmic i expliquen la història.
- Les **bafarades** o **globus**: l'espai on s'escriu el que diuen o pensen els personatges.
- Les **onomatopeies**: la representació d'un so o un soroll.
- Els **símbols**: un dibuix o un signe que indica moviment, crits, sorolls, sorpresa...

– Un **còmic** és una història explicada amb dibuixos.

9 **Quantes vinyetes té el còmic que acabes de llegir?**

10 **Què indiquen aquests símbols en els còmics?:**

11 **Inventa el que diuen els personatges d'aquest còmic:**

12 **Llegeix aquest diàleg i converteix-lo en un còmic de tres vinyetes. Dibuixa'l a la llibreta.**

HOME: Voldríem comprar un cotxe d'aquest model.
VENEDOR: De quin color?
DONA: A mi m'agrada el vermell.
HOME: Doncs jo prefereixo el negre.
VENEDOR: I què fem?
DONA: Ens quedarem el blau, que ens agrada a tots dos.

L'article

DALT DE LA MUNTANYA

Aquí dalt de la muntanya
hi tinc un petit bressol:
de dia la lluna hi dansa,
de nit hi descansa el sol.

Aquí dalt de la muntanya
l'alegria omple els rius:
s'eixuguen al sol les llàgrimes,
si et pica una abella, rius.

Joan ARMANGUÉ (fragment)

Les paraules destacades en color són **articles**.

Les formes dels articles són:

	Masculí	Femení
Singular	el/l'	la/l'
Plural	els	les

Exemple:
la muntanya – **femení singular**
els rius – **masculí plural**

– L'**article** és una paraula que va davant del nom i indica si aquest és **masculí** o **femení**, i si està en **singular** o en **plural**.

13 **Escriu l'article corresponent davant els noms següents:**

_____ boires _____ estel _____ follets _____ rierols
_____ lluna _____ mussol _____ Amèlia _____ fada

14 **Encercla a la llibreta la paraula que no es correspon amb la resta.**

maionesa – boira – estufa – formatge – abella

La *o* àtona

En alguns llocs de parla catalana, la o de les paraules content, explico i peixos sona u. De fet, en aquests llocs totes les o que es troben en una **síl·laba àtona** sonen u.

Fixa't també que peixos és el plural de peix i que s'ha format afegint-hi **-os**.

– En alguns llocs de parla catalana, totes les o que es troben en una **síl·laba àtona** sonen u.

15 **Completa els verbs de les endevinalles i endevina quin animal descriuen. A cada endevinalla hi tens indicat el començament del verb.**

cargolo – pujo – baixo – mossego – corro
camino – volo – arrossego

Sóc molt llarga, m'a_____,
em car_____ i m_____.

No c_____ mai per terra,
ni tampoc v_____ per l'aire,
tampoc no sé nedar,
però co_____, p_____ i b_____.

16 **Escriu el plural d'aquestes paraules:**

pis **nus** **peix** **calaix** **feliç** **casc** **llaç**

PERSONATGES DE CONTE

1 **Respon les qüestions següents:**

a) Quins personatges de conte acabes de sentir? Identifica'ls a la imatge.

b) Digues quina parella intervé en cada diàleg.

2 **A partir de la mateixa imatge, jugueu a endevinar contes. Un de vosaltres ha de pensar en un personatge i l'altre, amb només tres pistes, l'ha d'endevinar. Recordeu que només podeu respondre *sí* o *no*.**

HEM TREBALLAT...

Continguts

LÈXIC

- Les **paraules derivades** d'una mateixa família es formen a partir del mot primitiu d'aquesta família.

EXPRESSIÓ ESCRITA

- Un **còmic** és una història explicada amb dibuixos.

GRAMÀTICA

- L'**article** és una paraula que va davant del nom i indica si aquest és **masculí** o **femení**, i si està en **singular** o en **plural**.

ORTOGRAFIA

- En alguns llocs de parla catalana, totes les o que es troben en una **síl·laba àtona** sonen u.

Competències bàsiques

1 **Inventa un còmic de sis vinyetes que tingui com a protagonistes alguns dels personatges de conte de la pàgina 98. Pensa bé el guió que escriuràs i quins elements utilitzaràs (bafarades, símbols i onomatopeies).**

Expressió escrita

Produir un còmic a partir de personatges de contes populars.

Practica'n + al quadern de competències bàsiques

9

EL CONILL NAN

Abans de llegir

Tenir cura d'un animal no és gens fàcil. Requereix força temps i dedicació. El text que llegiràs a continuació dóna unes quantes **instruccions** sobre com cal tenir cura d'un animal.

Hi ha molta gent que té animals a casa, ja sigui en pisos petits o en cases grans.

- I tu, tens algun animal a casa? Quin?

El conill nan és un animal de caràcter sociable, afectuós i intel·ligent. És un animal de companyia ideal per als infants sempre que tinguin en compte que, tot i no ser perillós ni agressiu, té un caràcter espantadís i poruc. Si vols tenir un conill nan a casa teva, primer de tot hauràs de considerar alguns aspectes:

- Assegura't que tots els membres de la teva família hi estan d'acord.
- Reflexiona sobre el temps que requereix tenir cura d'un animal de companyia, ja que necessitarà força cures i afecte. Almenys hauries de dedicar-li dues hores diàries per tal que faci exercici i creixi sa i fort.
- Has de saber que els conills nans acostumen a viure entre vuit i deu anys.
- N'hi ha de diferents races: d'**Angora** (de pèl sedós i llarg), **bélier** (més gros i d'orelles caigudes), **rex** (de pèl curt i espès) i **cap de lleó** (amb pèl al voltant del coll).

Triar correctament

Si vols assegurar-te que tens un conill nan sa, hauràs de comprovar els aspectes següents:

- Ha de tenir el pèl llis, brillant i compactat al cos.
- El cap, en relació amb el cos, és gros i rodó; el nas, aplatat (és a dir, una part del nas està més aixafada que la resta), i els ulls, grossos i relativament vistosos.
- No ha de mostrar els ulls lleganyosos ni ha de presentar inflamacions al cos.

Atenció

Mai no agafis el conill només per les orelles! Subjecta'l bé pel cos si no vols fer-li mal a la zona lumbar!

L'arribada a casa

- El teu conill nan necessitarà una gàbia d'entre 70 i 80 centímetres de llargada i almenys 50 centímetres d'alçada, de manera que tingui prou espai per moure's còmodament. Posa'l en un lloc tranquil i lluminós que no estigui exposat als corrents d'aire ni prop d'estufes o radiadors.
- Durant els primers dies, evita que surti gaire de la gàbia per tal que es vagi acostumant a la nova casa. Apropa-t'hi a poc a poc per tal que no et tingui por i deixa que t'olori uns dies abans d'agafar-lo.
- Agafar-lo bé des del primer dia és molt important. Amb molt de compte, amb una mà l'agafarem per les orelles i per la pell del clatell alhora, i amb l'altra mà, pel ventre i les potes del darrere.
- Un cop estigui adaptat, deixa el conill fora de la gàbia a estones perquè pugui explorar l'entorn. Aprofita per estar amb ell, jugar-hi i fer-li carícies.

La dieta

Els conills nans s'alimenten bàsicament de:

- **Fenc** de bona qualitat.
- Verdures variades que tinguin poc contingut d'aigua (escarola, espinacs, ruca, fulles d'api, fulles de pastanaga...).
- Pinso.

fenc: planta herbàcia de tija que s'utilitza d'aliment per a alguns animals.

Ho sabies?

No cal que banyis el teu conill. Els conills són molt polits i es netegen ells mateixos.

Tenir cura del conill nan

- **Pèl:** raspalla'l un cop per setmana amb un raspall suau.
- **Ungles:** comprova que no han crescut més del compte. Si estan corbades cap a l'interior, s'han de tallar immediatament.
- **Dents:** comprova que els incisius i els molars no creixin gaire perquè si no no podrà menjar.

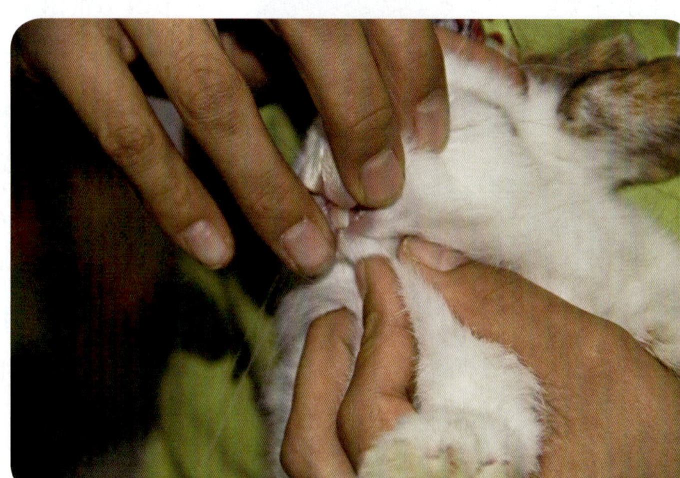

Visita al veterinari

S'aconsella fer dues revisions l'any, una a la primavera i una altra a la tardor. El veterinari revisarà l'estat general de l'animal (ulls, dents, pes...) i el vacunarà contra una malaltia que es diu *mixomatosi* i també contra una malaltia vírica que provoca diarrees.

vírica: provocada per un virus, és a dir, microbis.

VOCABULARI

1 Escriu com es diu la cria de cada animal.

a) llop → llobató
b) porc
c) gallina
d) vaca
e) cavall
f) gos

2 **Per què durant els primers dies és convenient no treure gaire el conill de la gàbia?**

3 **Encercla a la llibreta quina és la millor manera d'agafar un conill nan.**

a) Només per les orelles amb les dues mans.
b) Només per les potes del darrere amb una mà.
c) Per les orelles i el clatell amb una mà, i per les potes i el ventre amb l'altra.

4 **Ratlla a la llibreta els aliments que no formen part de la dieta del conill nan.**

espinacs **escarola** **cacauets** **pinso** **plàtans** **fenc**

5 **Tria un d'aquests animals de companyia i apunta cinc raons bàsiques que donaries als teus pares per tenir-lo a casa:**

a) Ara imagina que has convençut els membres de la teva família. Fes una llista amb tot el que sigui necessari per preparar l'arribada de l'animal que has triat.
b) A quin professional l'hauràs de portar si es posa malalt?

Els diminutius i els augmentatius

Plega't, plega't, paperet,
que farem un ocellet.
Plega't, plega't, paperó,
que farem un ocelló.

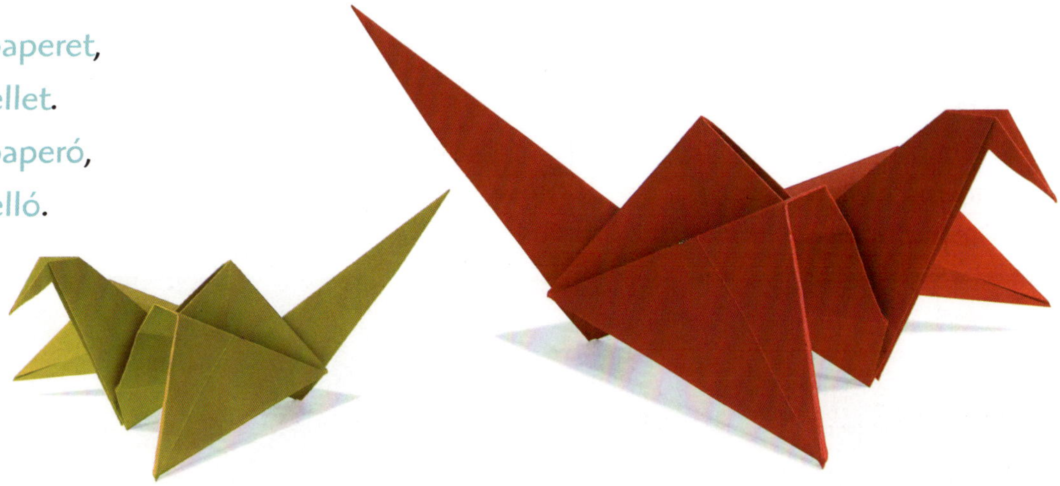

Per indicar que una cosa és petita, fem servir les terminacions -et, -eta, -ó, -ona.

Els **diminutius** indiquen que una cosa és petita. Si diem paperet i paperó, ens referim a un paper petit.

Els **augmentatius** indiquen que una cosa és grossa. Les terminacions que fem servir són -às, -assa i -ot, -ota. Exemple: barca-barc**assa**, mà-man**ota**.

6 **Copia els dos primers versos del poema canviant les paraules destacades per un augmentatiu.**

7 **Completa la taula següent a la llibreta:**

Paraula	Diminutiu	Augmentatiu
plat	platet	platàs
cullera		
ull		
mà		
home		

8 **De quines paraules deriven els mots següents? Escriu-les a la llibreta.**

peuet – llibrot – portassa – capseta – balconàs – floreta

La recepta

AMANIDA PER A TOTES LES ESTACIONS

Ingredients:

- 1 enciam
- una mica de tonyina
- 10 ametlles
- oli
- 10 nous
- olives
- 2 pastanagues
- formatge en pols

1. Renta, talla i pela les verdures.

2. Barreja-les en un bol amb les nous, les olives i la tonyina.

3. Pica les ametlles i afegeix-hi un rajolí d'oli.

4. Tira la salsa per damunt l'amanida.

5. Escampa-hi el formatge en pols per damunt.

6. Posa-la a la nevera deu minuts abans de servir-la i... bon profit!

– Les **instruccions** ens expliquen quins passos hem de seguir per fer una cosa determinada. Quan preparem una recepta, estem seguint unes instruccions.

9 **Copia a la llibreta les accions que s'han tingut en compte a l'hora d'escriure la recepta que acabes de llegir.**

a) Fer una llista dels ingredients necessaris.
b) Apuntar el nom de les persones que han de fer cada acció.
c) Escriure amb ordre els passos que cal seguir.
d) Dir quin dia de la setmana s'ha de fer cada pas.
e) Escriure instruccions clares i curtes.
f) Acompanyar l'explicació amb un dibuix o una fotografia, si és possible.

10 **Anota el nom d'aquestes fruites, necessàries per fer una macedònia:**

11 **Ordena els passos que cal seguir per preparar la macedònia.**

a) Afegeix el suc de les taronges a la fruita trossejada.
b) Renta les fruites, pela-les i trosseja-les.
c) Deixa-ho a la nevera un parell d'hores.
d) Posa la fruita trossejada en un bol.
e) Esprem les taronges.

10

LISBOA, UNA CIUTAT AMB ENCANT

Abans de llegir

Has fullejat alguna vegada una **guia**? Abans de viatjar a qualsevol indret, és convenient llegir-ne una per conèixer una mica el lloc on aniràs. En les guies apareixen les coses més interessants per visitar i moltes propostes per passar una bona estada fora de casa.

- Has anat algun cop a l'estranger? Coneixes la ciutat de Lisboa?

Dades d'interès

País: Portugal
Moneda: euro
Llengua: portuguès

Lisboa és la capital de Portugal. És la capital més occidental d'Europa. Es troba a la vora del riu Tajo, a la costa de l'oceà Atlàntic, i és una ciutat plena d'encant. Hi destaca sobretot el nucli històric, amb uns carrers costeruts i empedrats pels quals travessen un bon nombre de tramvies, el tret més distintiu de la ciutat.

ELS LISBOETES

Aquest és el nom que reben els habitants de Lisboa. Els lisboetes són uns grans amants de la música i l'art en general. Els fados són les cançons populars portugueses, una música molt sentimental i que tradicionalment s'ha cantat per expressar els mals moments de la vida. En molts locals i restaurants de Lisboa hi ha cantants de fado.

ITINERARI DE CAP DE SETMANA

Dia 1. El nucli històric: la Baixa i el Bairro Alto.

Matí

Arribarem a la ciutat de Lisboa i ens traslladarem a l'hotel amb autocar.

Visitarem el nucli històric fent un passeig pel barri comercial de la **Baixa**, on hi ha la Rua Augusta, el carrer principal. Tindrem temps lliure per anar a comprar i prendre alguna cosa en algun dels molts cafès que hi ha. Caminarem fins a la gran **Praça do Comércio**, que es troba al final de la Rua Augusta.

La Praça do Comércio.

Tarda-nit

Visitarem el **Bairro Alto**, on es pot arribar des de la Baixa. És un barri molt pintoresc i amb carrers empedrats, alguns amb moltes escales o elevadors, ja que Lisboa és una ciutat que té moltes pujades i baixades. A la nit soparem en un restaurant de cuina tradicional lisboeta amb especialitats gastronòmiques com els embotits, els formatges i el bacallà. Al mateix restaurant hi haurà programat un concert de fados.

sinuós: amb moltes corbes.

Vista del castell de São Jorge.

Dia 2. El barri d'Alfama i Belém

Matí

Farem un recorregut a peu per aquest barri, que és el més antic de Lisboa. Sembla un poblet dins la ciutat, perquè les cases són petites i els carrers, estrets i sinuosos. S'hi respira un ambient molt familiar. En aquest barri és molt habitual trobar locals on cantin fados.

Anirem fins a la part més alta del barri, on hi ha el **castell de São Jorge**, un dels monuments més importants de Lisboa. Es pot visitar el castell i contemplar una bona panoràmica de tota la ciutat.

Tarda

A la tarda anirem a Belém amb tramvia. Aquest barri es troba a la riba del riu Tajo. Té els carrers amplis, i hi ha parcs, jardins i un passeig vora el riu molt bonic.

El monument més important d'aquest barri és el **monestir dels Jerónimos**, del segle XVI. Cada any el visiten milers de turistes.

A poca distància del monestir hi ha la pastisseria més antiga de Lisboa i on fan els *pastéis* de Belém, uns pastissets cruixents de pasta de full farcits de crema. És molt recomanable visitar-la i tastar aquests fantàstics dolços.

La torre de Belém.

Pastéis de Belém.

Al barri de Belém hi ha també la coneguda **torre de Belém**, una antiga torre de defensa de planta quadrangular situada a escassos metres de la riba del riu Tajo. S'hi accedeix a través d'una petita passarel·la. Podrem visitar la torre i veure les sales on hi havia els antics canons que servien per atacar l'enemic i també les diferents estances.

Dia 3. Dia especial: visita a Sintra

Ens llevarem ben aviat i agafarem un tren que ens portarà a Sintra, una ciutat que és a pocs quilòmetres de Lisboa.

Caminarem pels carrerons empedrats del centre històric d'aquest poblet fins a arribar al capdamunt del **Palácio Nacional da Pena**, l'atractiu turístic més important. Visitarem l'interior del palau i els seus jardins.

De baixada al nucli històric, dinarem en un dels restaurants de la zona i dedicarem la tarda lliure a passejar pels bonics racons del poble.

A la tarda agafarem un tren que ens portarà de nou a l'hotel de Lisboa.

ELS TRAMVIES

El tramvia és el mitjà de transport més pintoresc de la ciutat. Els lisboetes el fan servir diàriament i els turistes l'utilitzen també perquè és la millor manera de conèixer la ciutat de primera mà. Els tramvies 28 i 15 són els que fan els recorreguts més cèntrics i turístics de Lisboa.

VOCABULARI

1 **Relaciona els països següents amb el nom que reben els seus habitants:**

França **Egipte** **Perú** **Irlanda** **Alemanya** **Japó**

egipci japonès peruà irlandès francès alemany

2 **Escriu a la llibreta la llengua que es parla en aquestes ciutats:**

Roma (Itàlia) – Estocolm (Suècia) – Moscou (Rússia)

3 **Completa a la llibreta.**

a) La capital de Portugal és ____.
b) El riu que travessa la ciutat és el ____.
c) Els habitants de Lisboa s'anomenen ____.
d) El millor mitjà de transport per moure's per la ciutat és el ____.

4 **Un cop llegit el text, què t'agradaria visitar de Lisboa? Explica-ho a la llibreta.**

5 **Encercla la resposta correcta a la llibreta.**

a) Què és un fado?
- Unes postres.
- Un tramvia.
- Una cançó popular.

b) Com són la majoria de carrers de la ciutat?
- Sinuosos i estrets.
- Rectes i amples.
- Rectes i estrets.

c) Com es diu el barri més comercial de la ciutat?
- Alfama.
- Sintra.
- La Baixa.

d) Què és Sintra?
- Un pastisset de crema.
- El nom d'un poblet.
- El nom d'un castell.

6 **Busca informació sobre la ciutat de Florència (Itàlia) en diferents fonts (enciclopèdies, mapes, guies, Internet...). Després, explica de la manera més detallada possible quins mitjans de transport agafaries per moure't dins la ciutat, quins llocs visitaries, quin idioma s'hi parla, etc. Escriu-ho a la llibreta.**

Els noms d'oficis i establiments

Podem formar noms d'oficis utilitzant aquestes terminacions: -er, -era, -ista, -or, -ora.

Exemples: sabata + er = sabat**er**; flor + ista = flor**ista**

Podem formar noms d'establiments utilitzant la terminació -eria.

Exemples: sabat**eria**, florist**eria**, barb**eria**, pastiss**eria**

- Alguns **noms d'oficis** es formen amb les terminacions -er, -era, -ista, -or, -ora.
- Per formar alguns **noms d'establiments** utilitzem la terminació -eria.

7 **Apunta el nom d'aquests oficis i classifica'ls a la taula següent:**

Noms acabats en -er/-era	Noms acabats en -ista

- Ara, escriu el nom dels establiments on treballen alguns d'aquests personatges.

8 **Anota cinc noms d'oficis que acabin en -or/-ora i cinc que acabin en -ista.**

La postal

lloc des d'on s'escriu i data → Roma, 22 d'abril del 2014

salutació → Hola, Lluc!

text →
M'ho estic passant molt bé.
Roma és una ciutat molt bonica i plena de pedres. El pare diu que es diuen ruïnes i que algunes tenen més de dos mil anys.
T'agrada la postal que he triat?

comiat → Fins aviat,

signatura → Adriana

destinatari →
Lluc Teixidó i Pans
Carrer de la Riera, 9, 2n 1a
08330 Premià de Mar

En una postal no hi poden faltar aquests elements:

- **Lloc i data:** població des d'on escrivim la postal i data en què l'escrivim.
- **Salutació:** paraules que fem servir per saludar la persona a qui escrivim.
- **Text:** missatge.
- **Comiat:** paraules que fem servir per acomiadar-nos de la persona a qui escrivim.
- **Signatura:** firma de la persona que escriu.
- **Destinatari:** nom i cognoms, adreça, codi postal i població de la persona a qui enviem la postal.

– Una **postal** és una targeta que es pot enviar per correu sense necessitat de posar-la en un sobre. En una cara hi ha una fotografia o il·lustració, i a l'altra, un espai per poder-hi escriure.

9 **Observa aquesta postal. Hi trobes a faltar alguna dada?**

Estimats avis,

M'ho estic passant molt bé.

La casa de colònies és molt gran i té piscina. Ahir vam anar d'excursió a la font del Sastre. A la tornada feia molta calor i teníem molta set. Sort que havíem omplert les cantimplores amb l'aigua fresqueta de la font.

Petons,

Família Peris Rossell
Carrer del Pou del Glaç, 3
08222 Salinera

10 **La Laia escriu una postal a l'Oriol des de Venècia, però les paraules s'han barrejat. Ordena-les bé i torna a escriure la postal a la llibreta.**

Fins aviat,

Oriol Grau Hernández

Com va tot pel poble? Jo m'ho estic passant molt bé a 08551 Tona Ahir vam passejar una màscara de carnaval molt bonica amb góndola pels canals i demà anirem a visitar Venècia, 18 de març del 2014 La mare s'ha comprat l'església de Sant Marc.

Laia
34 Carrer del Pi,
Venècia

Els possessius i els demostratius

Les paraules meva i seu indiquen de qui és l'àvia i de qui és el pare. Meva i seu són **determinants possessius**.

La paraula aquesta indica que la dona és a prop de la nena que parla. En canvi, aquell indica que l'home és lluny de la nena. Aquesta i aquell són **determinants demostratius**.

- Els **determinants possessius** s'escriuen davant del nom i indiquen de qui és la persona, animal o cosa a què es refereixen.
- Els **determinants demostratius** s'escriuen davant del nom i indiquen si una persona, animal o cosa és lluny o a prop de la persona que parla.

11 **Omple els buits amb la paraula adequada.**

teu/teva **aquest/aquell** **meus/teus**

a) M'ensenyes la ______ llibreta i el ______ llibre de Matemàtiques?
b) ______ noi es diu Eloi i ______ noi del final de la cua es diu Pere.
c) Jo convidaré els ______ amics i tu convides els ______ amics.

12 **Completa les frases amb aquestes paraules:**

aquest – seus – aquesta – seva – aquell – aquells – meus

a) La Maria m'ha deixat la ______ bicicleta, i en Víctor, els ______ patins.
b) Que em puc emprovar ______ samarreta a l'emprovador?
c) Qui són ______ nois que t'esperen a la porta?
d) He passat el cap de setmana amb els ______ cosins.
e) ______ moble és més fort que ______ moble del fons.

La *b*, la *v*, la *m* i la *n*

QUASI LA UNA

La meva àvia fa una sopa molt bona. Ho sé així que obro la porta i noto una olor invisible que omple tota la casa. Avui sí que tinc gana!

A més de bona, la sopa també és misteriosa com ella sola perquè no saps què sortirà del fons del plat fins que no hi fiques cullerada.

M. Dolors Alibés, *Contes per refredar la sopa* (adaptació)

Les paraules destacades es poden classificar en aquests grups:

bl	br	nv	mb	mp
invisible	obro	invisible	també	omple

Davant de l i r escrivim **b**. Davant de v escrivim **n**. Davant de b i p escrivim **m**.

13 **Omple amb b o v els buits d'aquestes paraules:**

om____ra   po____le   en____ellir   bom____er

in____entora   ar____re   em____olic   con____idat

14 **Escriu el nom d'aquests objectes a la llibreta:**

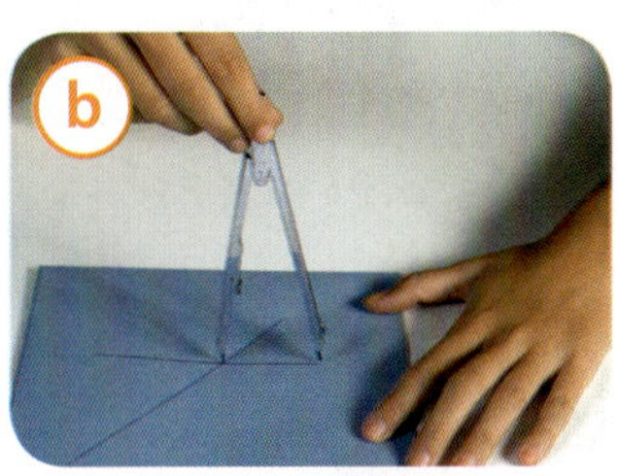

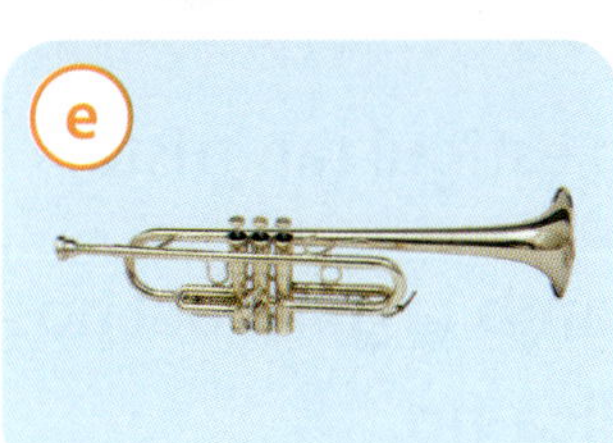

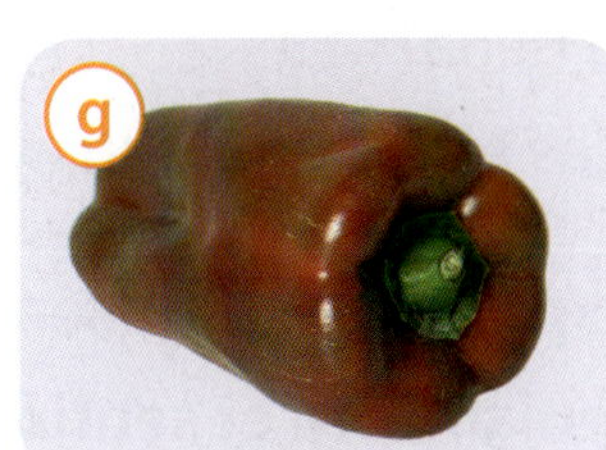

ESTIC TRIST!

1 **Respon les preguntes següents:**

a) Com es diuen els protagonistes de l'audició?

b) Per què plora, la nena?

c) Quines anècdotes explica del seu avi que fan que després no estigui tan trista?

2 **Sovint ens costa expressar alguns sentiments, però parlar-ne amb la gent del nostre entorn ens pot alleujar. Com et sentiries si fossis la Sílvia? Explica-ho.**

HEM TREBALLAT...

Continguts

LÈXIC

- Alguns **noms d'oficis** es formen amb les terminacions -er, -era, -ista, -or, -ora.
- Per formar alguns **noms d'establiments** utilitzem la terminació -eria.

EXPRESSIÓ ESCRITA

- Una **postal** és una targeta que es pot enviar per correu sense necessitat de posar-la en un sobre. En una cara hi ha una fotografia o il·lustració, i a l'altra, un espai per poder-hi escriure.

GRAMÀTICA

- Els **determinants possessius** s'escriuen davant del nom i indiquen de qui és la persona, animal o cosa a què es refereixen.
- Els **determinants demostratius** s'escriuen davant del nom i indiquen si una persona, animal o cosa és lluny o a prop de la persona que parla.

ORTOGRAFIA

- Davant de l i r escrivim **b**. Davant de v escrivim **n**. Davant de b i p escrivim **m**.

Competències bàsiques

1 **Imagina't que passes un cap de setmana a Lisboa amb algun familiar. A partir de la informació de la lectura del començament de la unitat, escriu una postal a un amic o amiga explicant-li les coses que has fet o t'estan passant. Recorda't de posar-hi tots els elements propis d'una postal. Després, llegeix-la en veu alta davant la resta de la classe.**

Expressió escrita

Planificar i produir un text narratiu a partir d'un text informatiu.

Practica'n + al quadern de competències bàsiques

11

POESIA, DE CAP A PEUS!

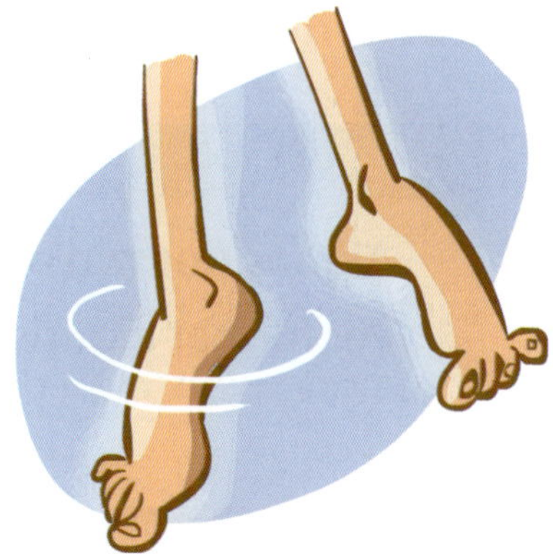

Abans de llegir

Autor: Núria Albertí

A continuació llegiràs tres **poemes** que es recullen en un llibre anomenat *S'obre el teló: sabates en acció*. Té aquest títol tan original perquè tots els poemes que inclou estan dedicats als peus i als diferents tipus de calçat.

- T'agrada llegir poemes? En saps algun de memòria?

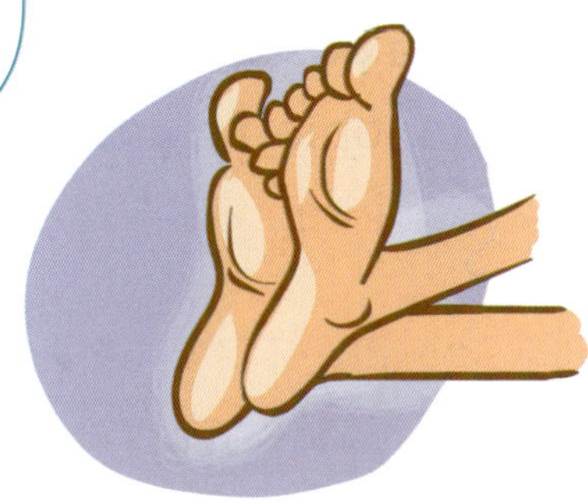

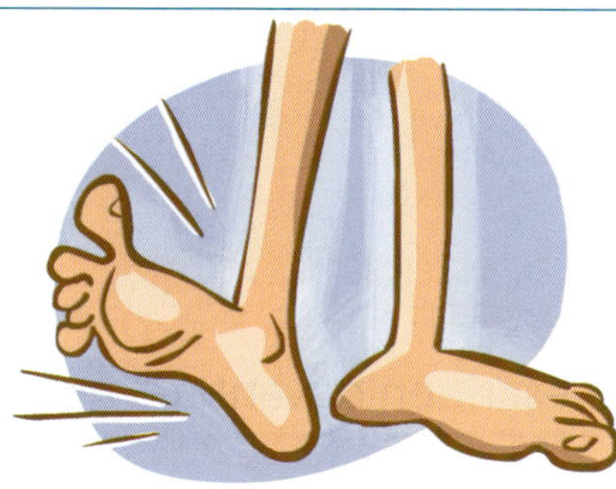

PETJADES RIMADES

Quantes coses jo puc fer
amb els meus peuets polits:
puc cuidar-los i banyar-los,
pintar les ungles dels dits.

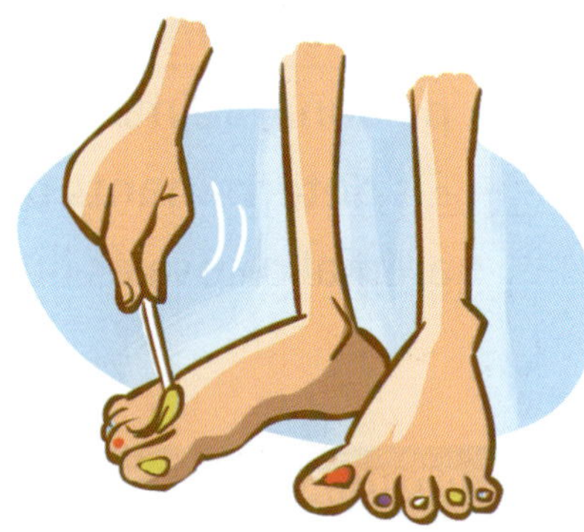

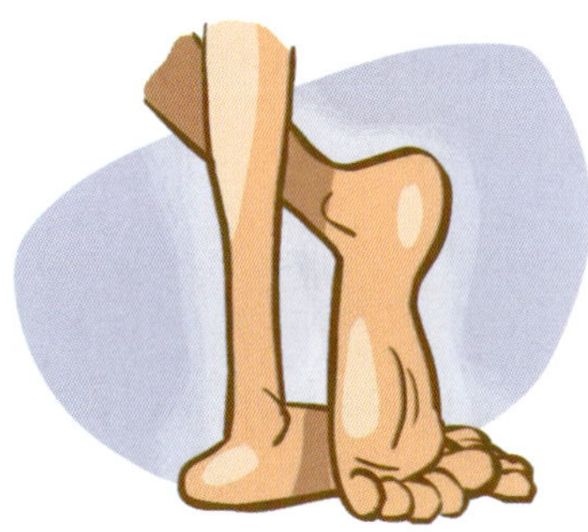

També puc inventar jocs,
per entrenar l'equilibri.
En parelles, peu amb peu,
més val que el conjunt no vibri.

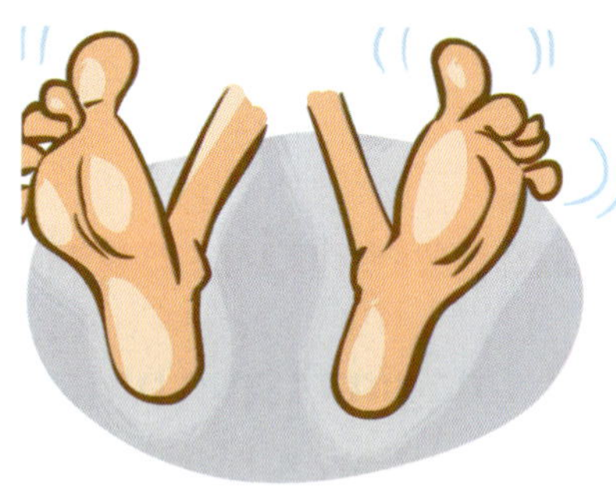

Tenen sentit de l'humor;
de seguida se'ls fa riure.
Quan els posis musiqueta
veuràs com els sents reviure.

Puc caminar seguint ritmes,
cantant, marcant el compàs.
Però així que em despisto massa
puc arribar a fer un mal pas.

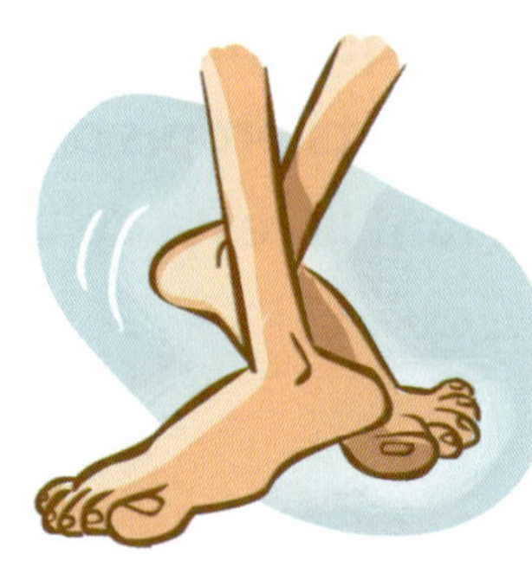

XANCLETA, ESTIGUES QUIETA!

A l'estiu són les reines
amb pantaló o vestit.
Qui no les duu a la platja
els peus ja s'ha rostit!

Deixen els dits a l'aire,
són fresques i flexibles,
fins i tot transpiren
els peus més impossibles.

El seu ritme frenètic
és d'allò més cansat.
Saltaran si t'atures
i s'hauran escapat.

Els peus més presumits
hi trobaran delícies.
En canvi abstenir-se'n
penellons i durícies!

frenètic: intens.
abstenir-se: privar-se de fer alguna cosa.
penelló: inflor de la pell causada pel fred.

QUINS ESCLOPS!

Als països nòrdics.
de fusta estan fets.
Aquí n'he vist de pell
i molt més distrets.

Tenen en comú
res de talonera,
la sola gruixuda
de fusta o surera.

Potser hi ha qui els troba
un calçat molt dur.
Per d'altres és pràctic,
senzill i segur.

Molts professionals
els porten a la feina
i els consideren
la seva millor eina.

Tenia uns esclops
que eren d'unes nines
perduts a les golfes
amb altres joguines.

El darrer Nadal,
tot menjant torrons,
vaig veure-hi obertures
fetes pels corcons.

Vist a contrallum
són plens de forats.
Però els peus de la nina
queden ventilats!

corcó: larva o cuc que viu a la fusta.

VOCABULARI

1 Relaciona a la llibreta les paraules que tenen un significat igual.

polit	fanfarró
talonera	parat
presumit	taló
aturat	net

2 **Escriu a la llibreta si aquestes afirmacions són veritables (V) o falses (F):**

a) Les xancletes són típiques dels països nòrdics. ______
b) Les xancletes són per a peus presumits. ______
c) Alguns esclops són plens de forats. ______
d) A alguns professionals els agrada anar amb esclops. ______

3 **Llegeix un altre cop el poema *Xancleta, estigues quieta!* i escriu a la llibreta per què creus que es titula així.**

4 **Quin d'aquests tipus de calçat correspon al segon poema? Encercla-ho a la llibreta i descriu-lo.**

5 **A quin tipus de professionals creus que fa referència l'últim poema? Explica-ho.**

La comparació

Les frases de les bafarades parlen de persones i animals que s'assemblen a una cosa. Quan diem que una persona o una cosa s'assembla a una altra estem fent una **comparació**.

– Per fer **comparacions**, fem servir les expressions com, tan... com, sembla, més... que i menys... que.

6 **Completa les frases amb les formes següents:**

com | tan... com | sembla | més... que

a) És eixerit ____ un pèsol.
b) És ____ gros ____ un hipopòtam.
c) És ____ negre ____ el carbó.
d) Aquesta casa ____ un palau.

7 **Explica el significat d'aquestes comparacions:**

a) Menjar com un pardalet.
b) Córrer com una llebre.
c) Xerrar com un lloro.
d) Dormir com un liró.

El poema

EL CIRC

títol

El circ ja ha arribat!
Tiro, liro, liro!
El circ ja ha arribat!
Tiro, liro, lat!

Jo veig un pallasso ← vers
tocant el trombó,
un altre li clava
un cop de bastó.

El circ ja ha arribat!
Tiro, liro, liro!
El circ ja ha arribat! ← estrofa
Tiro, liro, lat!

Aquell trapezista
és molt eixerit: ← rima
damunt d'una escala
s'aguanta amb un dit. ← rima

Francesc Bofill (fragment)

En aquest poema hi podem distingir les parts següents:

- El **títol**: nom que un poeta ha posat a un poema.
- El **vers**: cadascuna de les línies d'un poema.
- L'**estrofa**: cadascuna de les parts d'un poema.
- La **rima**: es dóna quan els versos acaben amb les mateixes lletres.

– Un **poema** és una obra escrita en vers.

Cançó del follet de les escombraries

La pela de taronja
i l'espina de rap
somiquen amb l'esponja
i l'agulla de cap.

La llauna de tonyina
i el cartró de llet
ploren amb la sardina
i el rovell d'ou desfet.

Miquel Desclot

8 **Fixa't en el poema i respon.**

a) Com es titula?

b) Compta'n les estrofes. Quantes n'hi ha? Quants versos té cada estrofa?

c) Quines paraules rimen a cada estrofa?

9 **Relaciona cada paraula de la columna de l'esquerra amb la que hi rimi de la columna de la dreta.**

abella	desert
formiga	feliç
verd	formatge
equipatge	sargantana
pastís	amiga
persiana	parella

Els pronoms personals

– L'Emma té tres entrades per anar al cinema.
– L'Emma ha convidat al cinema la Fatou i en Marçal.
– La Fatou i en Marçal no es volen perdre la tercera part de *Les boles daurades*.

– L'Emma té tres entrades per anar al cinema.
– Ella ha convidat al cinema la Fatou i en Marçal.
– Ells no es volen perdre la tercera part de *Les boles daurades*.

l'Emma → ella

la Fatou i en Marçal → ells

Per tal de no repetir el nom Emma utilitzem la paraula ella. I fem servir la paraula ells per no tornar a emprar els noms Fatou i Marçal. Aquestes paraules són **pronoms personals**.

Els pronoms personals són:

Singular	jo, tu, ell / ella
Plural	nosaltres, vosaltres, ells / elles

– Els **pronoms personals** són paraules que substitueixen noms referits a persones.

10 **Substitueix les paraules en color per un pronom personal.**

a) El pare va regalar un ram de roses a l'àvia.
b) Les trapezistes fan un número nou.
c) El meu germà i jo ens assemblem a la mare.
d) Els músics toquen a l'auditori.
e) L'Ona i la Jana viuen a Das.
f) Pep, pots anar a buscar sal?

Les grafies *g/gu* i *c/qu*

Si llegeixes aquestes paraules en veu alta, t'adonaràs que la g de gorra i la gu de guitarra sonen igual.

El mateix passa amb la c de col i la qu d'esquí.

En tots dos casos es tracta d'un mateix so escrit de maneres diferents.

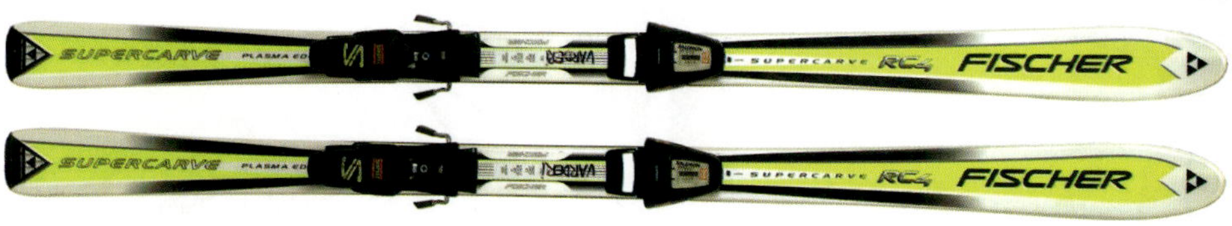

- El so de la g de gorra es representa amb **g** davant de a, o, u i amb **gu** davant de e, i.
- El so de la c de col es representa amb **c** davant de a, o, u i amb **qu** davant de e, i.

11 **Classifica aquestes paraules en el grup corresponent:**

gota – galleda – cangur – orgue – farigola – joguina
formiguer – gatera – guix – avinguda

g			gu	
ga	go	gu	gue	gui

12 **Omple els buits amb g o gu.**

___ineu ___epard ___os a___ulla màni___a
a___ost ___uspira à___ila tobo___an hambur___esa

13 **Completa aquests mots amb c o qu:**

buta___a ___orona ___ursa car___inyoli
___ullerada ja___eta es___irol es___ala

UNA POESIA!

1 **Llegeix les preguntes i respon.**

a) En quin moment de l'audició recita millor el poema en Pau?

b) Creus que fa bé d'aturar-se al mig d'una frase?

c) T'agrada com recita el poema el primer cop? Per què?

d) I tu, has recitat mai una poesia? Quina?

2 **Busca la poesia que t'agradi més i escriu-la en un full. Memoritza-la i, en acabat, recita-la davant de la resta de la classe.**

HEM TREBALLAT...

Continguts

LÈXIC

- Per fer **comparacions**, fem servir les expressions com, tan... com, sembla, més... que i menys... que.

EXPRESSIÓ ESCRITA

- Un **poema** és una obra escrita en vers.

GRAMÀTICA

- Els **pronoms personals** són paraules que substitueixen noms referits a persones.

ORTOGRAFIA

- El so de la g de gorra es representa amb **g** davant de a, o, u i amb **gu** davant de e, i.
- El so de la c de col es representa amb **c** davant de a, o, u i amb **qu** davant de e, i.

Competències bàsiques

1 **Copia a la llibreta el poema de la pàgina 130. Llegeix-lo dues vegades en veu baixa i després recita'l davant de la resta de la classe. Fes-ho sense córrer i amb l'entonació adequada.**

Expressió escrita i oral

Llegir amb bona entonació i fluïdesa un text retòric tenint en compte la situació comunicativa.

Practica'n + al quadern de competències bàsiques

12

ABEL, L'AVENTURER

Abans de llegir

Autora: Maite Carranza

El text que llegiràs és el començament d'una novel·la que explica les aventures d'un nen molt trempat i decidit que està disposat a tot per ajudar la seva capritxosa veïneta, la Meritxell.

- Fixa't en els dibuixos. De què creus que tracta, aquest conte?

L'Abel era un nen... com us ho diria?

Doncs era un nen que no era alt com un sant Pau ni esquifit com un carquinyoli; tampoc no era rosset amb rínxols d'or i nassarró d'angelet bufador, però amb això no vull dir que s'assemblés a un diplodocus, sinó al contrari. L'Abel no tenia posat de setciències i no us penseu que era cap babau que caminés per sobre els núvols.

L'Abel no feia badallar els seus amics, però tampoc no aconseguia fer petar de riure el seu gos. Jo no gosaria dir que fos un bocamoll ni que li haguessin de pregar que tanqués la boca, però en canvi no tenia pèls a la llengua i garlava pels descosits.

Ben pensat, jo no tenia cap interès per com era l'Abel, sinó que en realitat us volia explicar el que li va passar a l'Abel.

garlar pels descosits: parlar molt i sense dir res important.

L'Abel va sortir de casa seva, un bon dia, camí de l'escola, i a la porta del replà va ensopegar amb la Meritxell, la seva veïneta del primer, que somicava amb sanglots i singlots.

La Meritxell plorava amb tota l'ànima.

Buuu... Gluuup... Hip! Hop!

La Meritxell era una nena bufona capaç d'entendrir qualsevol amb les seves llàgrimes rodones i salades que li relliscaven galtes avall i li esquitxaven el seu preciós vestit de flors.

L'Abel, naturalment, no era de pedra i es va aturar al seu davant, amb la cartera penjada a l'esquena i amb el seu millor somriure:

–Meritxell, que t'han estovat?

Això va ser el primer que se li va acudir. En veure que seguia plorant desconsoladament, va tornar a preguntar:

–A veure, Meritxell. Que potser el teu gos Bobi se t'ha cruspit els dibuixos de l'escola?

I un altre cop la Meritxell va tremolar com una centrifugadora i va sospirar profundament.

Aaaah.

L'Abel no es va donar per vençut.

somicar: gemegar com aquell qui plora.

fúmer-se de lloros: caure a terra.

–Mmm, a veure si l'endevino. Segur que la teva mare et volia raspallar la trena, tu no et deixaves, t'has amagat al bany perquè no t'enxampessin, les granotes de la teva banyera s'han espantat i el teu pare n'ha trepitjat una i s'ha fumut de lloros, la teva mare les ha empaitat amb l'escombra i les ha llançat per la finestra, i el teu pare t'ha promès que et talla la trena demà mateix i que es menja la teva cacatua rostida.

Hauria estat una casualitat encertar-la, però el raonament de l'Abel i la història no era tan descabellada perquè la Meritxell era una nena complicada, i els seus pares estaven fins al capdamunt dels seus capritxets.

Però no.

–Au, vinga, digue'm què et passa i miraré si puc ajudar-te.

I aleshores la Meritxell va estremir-se, es va eixugar les llàgrimes, i va obrir la boqueta amb el gest maliciós de demanar coses impossibles.

–És que m'agradaria... –va dir, finalment.

–Digues, t'escolto!

La Meritxell s'ho va rumiar un cop, dos, es va eixugar els mocs i es va decidir a parlar.

–És que m'agradaria menjar-me una mandarina de la Xina.

Era això! Un caprici d'allò més capriciós!

L'Abel, sense pensar-s'ho dues vegades, va exclamar:

–Això és bufar i fer ampolles!

La Meritxell va obrir uns ulls com uns melons i va somriure.

–De debò? Em portaràs una mandarina de la Xina?

–Doncs és clar. Que rebenti ara mateix si no te la porto. Si no, no em podria dir mai més Abel, l'aventurer.

Ja ho tenia tot decidit; es posaria immediatament a la feina. Es va treure la cartera perquè no li fes nosa i la va deixar de penyora a la Meritxell.

–Guarda-la fins que torni i confia en mi.

La Meritxell, bocabadada, es va acomiadar amb la seva maneta llardosa de mocs i es va asseure a l'escala per esperar-lo pacientment.

(Adaptació)

penyora: cosa que deixem a una persona com a garantia que farem el que li hem promès.

llardosa: bruta.

VOCABULARI

1 **Busca al diccionari el significat d'aquestes paraules compostes i copia'l a la llibreta:**

bocabadat – setciències – bocamoll

2 **Busca el significat d'aquestes frases fetes i escriu-lo:**

a) No tenir pèls a la llengua. b) Bufar i fer ampolles.

3 **Tria la resposta correcta.**

- Cap on anava l'Abel quan ensopega amb la seva veïneta?
  a) Cap al mercat.
  b) Cap a la biblioteca.
  c) Cap a l'escola.

- Com és la Meritxell?
  a) Una nena molt senzilla.
  b) Una nena capritxosa.
  c) Una nena llaminera.

- Per què la Meritxell plora desconsoladament?
  a) Perquè la seva mare li ha tallat la trena.
  b) Perquè vol una mandarina de la Xina.
  c) Perquè no es vol banyar.

4 **Quina d'aquestes escenes no pertany al fragment de la història? Encercla-la a la llibreta.**

a

b

c

d

5 **Com creus que continua, aquesta història? Inventa un nus i un desenllaç per a aquesta narració i escriu-los a la llibreta.**

El món dels nombres

Cinc ens diu quants pisos hi ha. És un **nombre cardinal**.

Cinquè ens indica el lloc que ocupa el pis. És un **nombre ordinal**.

Avui faig cinquanta-cinc anys!

cinquanta + cinc = cinquanta-cinc
desenes + unitats → guionet

- Per comptar, fem servir els **nombres cardinals.** Per ordenar coses, fem servir els **nombres ordinals.**
- Quan escrivim amb lletres els nombres, cal posar un **guionet** entre les desenes i les unitats.

Atenció

Fixa't com s'escriu el nombre cardinal cinquanta-cinc.

Els nombres del vint-i-un al vint-i-nou s'escriuen amb dos guionets, l'un davant la i i l'altre darrere.

6 **Escriu amb lletres els nombres següents:**

42 – 35 – 29 – 88 – 76 – 61 – 54 – 93

7 **Completa aquesta graella a la llibreta.**

1	primer	
2		2n
3	tercer	
4		4t
5		5è

La planificació d'un conte

Recorda quines són les parts d'una narració:

L'ANELL (conte jueu)

PRESENTACIÓ

Un bon dia, un captaire va trucar a la porta del bondadós rabí Xuclamel i li va demanar una mica de caritat. Però aquell dia el rabí no tenia diners a casa, ni cinc, ni un mal ral. I com que el rabí pensava que la caritat és un deure sagrat, va donar el seu anell al captaire perquè el pobre home no se n'anés amb les mans buides.

–Teniu aquest anell –li va dir–. Us el podeu vendre, segur que us en donaran alguna cosa.

NUS

Quan el captaire va ser fora, la dona del rabí li va preguntar qui havia vingut, i el rabí li va respondre que es tractava d'un captaire i que li havia donat l'anell.

La seva dona no se'n sabia avenir.

–Què has fet! –cridava–. Que no ho saps, que és d'or? Que no ho saps, que porta una pedra preciosa encastada?

DESENLLAÇ

Quan el rabí va sentir el que li deia la seva muller, va sortir corrents de la casa i va cridar el captaire, que encara no havia arribat al cap del carrer.

–Escolteu, bon home! –li va explicar el rabí–. Acabo de saber que l'anell que us he donat té molt de valor. Sobretot, quan us el vengueu, que us en paguin un preu just. No us deixéssiu pas enganyar!

Abans d'escriure un conte, cal planificar-lo per tenir clar què volem que hi passi i com volem que acabi.

- Com es titula el conte?
- Qui són els protagonistes de la història?
- Quan passen els fets?
- Quins fets hi passen?
- On passen?
- Com acaba el conte?

8 **Respon a la llibreta aquestes preguntes sobre el conte *L'anell*:**

Presentació

a) Qui són els protagonistes del conte?
b) Quan passa la història?
c) On passa?
d) Què demana el captaire al rabí?
e) Què fa el rabí?

Nus

f) Per què s'enfada la dona del rabí?

Desenllaç

g) Com actua el rabí quan sap que l'anell és molt valuós?

9 **Escriu la història de l'ós Tap tenint en compte la informació que et donem a la fitxa.**

- Com es titula el conte? *Les aventures d'en Tap.*
- Qui en són els protagonistes? Un ós i un ratolí.
- Quan passen els fets? A la primavera.
- On passen? Al bosc.
- Què passa? L'ós, que estava dormint, es desperta i surt de la cova sense dir res a la seva mare ni als seus germans, que encara dormen. Comença a caminar pel bosc, observant-ho tot, i es perd. Es troba amb un ratolí que li ensenya el bosc i els animals que hi viuen. Després, el ratolí ajuda l'ós a tornar a la seva cova.
- Com acaba el conte? Arriben a la cova i troben la mare i els germans de l'ós. El ratolí es queda a viure amb ells.

El verb

Les paraules talla i ven indiquen què fa cada personatge. Aquestes paraules expressen accions i s'anomenen **verbs**.

El quiosquer ven diaris i revistes. → Els quiosquers venen diaris i revistes.

ven ↓ singular — venen ↓ plural

– El **verb** concorda en singular o plural amb la persona o cosa que fa l'acció.

10 Completa les frases següents amb el verb que hi vagi bé:

juguen – actua – estudien – venen

a) Els peixaters ____ peix al mercat cada dissabte.
b) Aquest diumenge el meu cosí ____ a l'obra de teatre.
c) En Gerard i en Martí ____ uns quants dies abans de l'examen.
d) La Berta i la Nora ____ al parc cada tarda.

11 Omple els buits d'aquestes frases amb un verb:

a) En Roger ____ un gelat de maduixa i nata.
b) La mare ____ un llibre de receptes de cuina.
c) Els meus veïns ____ abans de les nou.
d) El meu gos ____ un os.

La *j* i la *g*

Observa que en aquestes paraules hi ha lletres que sonen igual però s'escriuen diferent. Es tracta de dues lletres que representen el mateix so.

jardí

joguina

julivert

gerani

girafa

– El so de la j de jardí s'escriu amb **j** davant de a, o, u i amb **g** davant de e, i.

12 **Classifica aquestes paraules a la graella:**

genoll – penjador – ajuda – gimcana – jove
segell – pàgina – rajola – taronja – juliol

j			g	
ja	jo	ju	ge	gi

13 **Omple els buits d'aquestes paraules amb j o g:**

____egant	____oglar	____ugador	men____ar
con____unt	pa____ès	____ira-sol	vi____ilant

HE LLEGIT UN LLIBRE

1. Quina d'aquestes imatges correspon a la situació de l'audició?
2. De què parlen els dos protagonistes?
3. Explica en veu alta l'argument del llibre de què parla la nena al seu pare.
4. I tu, quin és l'últim llibre que has llegit? T'ha agradat? Per què?

HEM TREBALLAT...

Continguts

LÈXIC

- Per comptar, fem servir els **nombres cardinals.** Per ordenar coses, fem servir els **nombres ordinals.**
- Quan escrivim amb lletres els nombres, cal posar un **guionet** entre les desenes i les unitats.

EXPRESSIÓ ESCRITA

- **Planificar un conte** vol dir decidir, abans d'escriure'l, qui en són els protagonistes, què hi passa, on i quan passa l'acció, i com acaba.

GRAMÀTICA

- El **verb** concorda en singular o plural amb la persona o cosa que fa l'acció.

ORTOGRAFIA

- El so de la j de jardí s'escriu amb **j** davant de a, o, u i amb **g** davant de e, i.

Competències bàsiques

1 **Copia a la llibreta el conte de la pàgina 142 i subratlla tots els verbs que hi trobis. Compara la teva activitat amb la d'un altre company o companya, i corregiu-la entre tots dos.**

Expressió escrita

Identificar i verificar els elements verbals d'un text.

Practica'n + al quadern de competències bàsiques

13

L'OFICINA DEL PARE

Abans de llegir

Autor: **Joan de Déu Prats**

Tot seguit llegiràs un fragment de la novel·la *L'oficina del pare*. Es tracta d'un fragment molt divertit en què un nen, per error, entra al fascinant món del circ.

- I a tu, t'agrada el circ?
- Hi has anat alguna vegada?

Era juliol, tenia vacances del col·legi, i un divendres al matí que el pare es va deixar l'esmorzar, l'hi vaig portar a la feina. Com que mai no havia estat en una oficina, tenia molta curiositat per saber què hi feien allí dins.

Vaig caminar una estona i en arribar a l'edifici vaig entrar i vaig preguntar al conserge, que duia posats un nas de pallasso i unes sabatasses molt grosses, a quina planta treballava el senyor Guifreu Maspons. Abans de contestar-me, però, l'home se m'apropà i em va fer olorar una flor que duia al trau de la solapa. Encara no havia abaixat el cap, que un raig d'aigua em va esquitxar tota la cara. Em va acompanyar a l'ascensor i aleshores va sortir un senyor amb una cartera. El conserge, de sobte, li esclafà un pastís de nata a la cara.

solapa: part del coll d'una jaqueta que es doblega cap enfora i que deixa el pit més o menys descobert.

A continuació, el conserge em va fer pujar a l'ascensor i, abans de pitjar el botó, em va donar la mà. Una petita enrampada em va sacsejar tot el cos.

En arribar a la segona planta, vaig topar-me amb dos grums de mig metre d'alçada, l'un enfilat damunt l'altre, que, trontollant pel passadís, duien una carta al despatx. Els vaig seguir i vam entrar en una oficina plena d'arxius i allà hi havia un home que portava carpetes sobre el nas, en equilibiri, i en veure'ns li van caure totes per terra.

Mentre em dirigia cap a la sala gran, vaig veure una dona de fer feines barbuda que fregava rajoles amb la barba llarga i espessa. A prop de la sala gran se sentien unes veus. Era un oficinista que ensinistrava grapes, xinxetes i clips perquè es grapessin, clavessin i ajuntessin ells sols.

pitjar: prémer.

enrampada: descàrrega de corrent elèctric.

grum: persona que es dedica a fer encàrrecs en un hotel o en un altre establiment.

ensinistrar: ensenyar, educar.

Finalment, vaig arribar a la sala gran. Quan hi vaig entrar, però, vaig tenir el temps just d'abaixar el cap. Resulta que un home, amb una capa i unes mitges blaves, va entrar volant per la finestra i va caure en una xarxa darrere meu. Llavors, l'home bala es va aixecar, es va espolsar la roba i va lliurar el correu.

Mentrestant, l'altra gent del despatx treballava frenèticament. De tant en tant, un home penjat d'un trapezi cap per avall anava arreplegant papers.

Després d'observar tota aquella gent vaig preguntar a un comptable, que tocava el seu barret amb una vareta màgica, si em podia dir en quina taula treballava el senyor Guifreu Maspons, i sense deixar de treballar, em va dir que ho preguntés al fons.

En arribar-hi, una secretària es pintava les ungles d'un peu després d'haver-se passat la cama per damunt del coll. Em va acompanyar fent la vertical fins a la taula de l'amo.

Allí, em va rebre un home gros vestit de negre i amb un ninot assegut a la falda que resultava ser l'amo de l'empresa.

–Sóc el fill del senyor Guifreu Maspons i vinc a portar-li l'entrepà –vaig dir.

–Guifreu... Guifreu... –repetí el ninot.

–No hi treballa ningú amb aquest nom, aquí. En quina empresa treballa el teu pare, dius?

–A Assegurances Galofré –vaig fer jo.

–Ah! Ho haguessis dit abans, noi! T'has equivocat d'empresa. Això és Circus & Confetti, SA. L'oficina que tu busques es troba un parell de portals més avall.

–Gràcies –vaig respondre jo, una mica decebut que el meu pare no treballés en aquella casa tan divertida.

Tot seguit, em vaig acomiadar del ninot i a corre-cuita vaig baixar al carrer. Vaig trobar l'empresa del pare i, un cop a dintre, el vaig veure de seguida. Li vaig donar l'esmorzar, li vaig fer un petó i, després de donar una ullada a la sala, me'n vaig anar.

Altre cop al carrer, em vaig gratar el cap: «En quin lloc més estrany treballa el pare! La gent és silenciosa i estan tota l'estona escrivint amb les mans i no porten nas de pallasso, ni tenen trapezis, ni es contorsionen ni s'empaiten!».

(Adaptació)

contorsionar-se: cargolar les cames i els braços per damunt del cos.

VOCABULARI

1 Apunta a la llibreta les paraules que formen part del camp semàntic corresponent al món del circ. Després, escriu-ne la definició.

grum | conserge | contorsionista | trapezista | pallasso | comptable | mag | malabarista

2 **Respon.**

a) On passa la història?
b) Què es va deixar el senyor Guifreu Maspons a casa?
c) Com es diu l'empresa que visita el protagonista per error?

3 **Encercla a la llibreta l'escena que no apareix en el text.**

a

b

c

d

4 **Quin personatge entra volant per la finestra?**

5 **Qui fa enrampar la mà del fill del senyor Guifreu Maspons?**

6 **Quin personatge de circ creus que és el comptable?**

7 **Quins personatges del món del circ coneixes? Tria'n un, i fes-ne una descripció i un dibuix a la llibreta.**

Els sinònims i els antònims

- Les **paraules sinònimes** tenen el mateix significat: molla i xopa.
- Les **paraules antònimes** tenen significats oposats: molla i eixuta.

8 **Relaciona les paraules sinònimes.**

got — vas — vermell — cotxe — automòbil — llar — llibreta — roig — casa — bloc

9 **Torna a escriure les frases a la llibreta i substitueix les paraules destacades pel seu antònim.**

a) A la Bruna li agrada la llet ben calenta.
b) La Carlota fa unes creps salades boníssimes.
c) En Biel és un noi alt amb els cabells arrissats.
d) Durant la cursa en Pere va ser el més ràpid.
e) El cistell de la roba bruta és ple.

10 **Escriu un sinònim i un antònim de les paraules següents:**

petit – content – fred

L'auca

Què seré quan sigui gran?

En Guiu es passa el dia pensant:
–Què seré quan sigui gran?

Podria ser un gran cuiner
i fer un boníssim puré.

O ser un músic reconegut
i tocar molt bé el llaüt.

O potser un bomber valent
i salvar la vida a molta gent.

Voldria ser un famós pintor
i pintar-ho tot d'un sol color.

Però si em fes policia,
vigilaria de nit i de dia.

– Una **auca** és un conjunt de dibuixos, acompanyats cadascun d'un text, generalment en forma de rodolí, que expliquen una història.

11 **Escriu dos rodolins amb aquests versos i sabràs com acaba l'auca *Què seré quan sigui gran?* Pensa que els rodolins han de rimar, han de tenir sentit i han de seguir un ordre.**

quan n'hi ha tant per escollir.

I si com els futbolistes

Sí que costa decidir

sortís a les revistes?

12 **Per parelles, completeu aquests rodolins i elaboreu una auca.**

gegant – decorat – entrepans – començar – major – petits

1. Cada estiu, amb la calor,
   celebrem al poble la festa ____.
2. Ja ho tenim tot preparat,
   i els carrers hem ____.
3. A la tarda els infants
   mengen coca i ____.
4. Pels carrers van desfilant
   set capgrossos i un ____.
5. I així totes les nits
   ballen grans, joves i ____.
6. Ara només caldrà esperar
   que un altre any torni a ____!

13 **Ara, per grups, elaboreu una auca sobre els dies de la setmana. Seguiu aquestes indicacions:**

1. Escriviu primer un rodolí per a cada dia de la setmana.
2. Feu un dibuix per a cada rodolí.
3. Elaboreu l'auca.

Els temps verbals

Les paraules fèiem, fem i farem són formes verbals que indiquen si l'acció que expliquem ja ha passat, si passa ara o si encara ha de passar.

- Fèiem està en **passat** perquè l'acció ja ha tingut lloc.
- Fem està en **present** perquè l'acció passa ara.
- Farem està en **futur** perquè l'acció encara no ha ocorregut.

- Per indicar que una acció ja ha tingut lloc, fem servir el verb en **passat**.
- Si volem indicar que l'acció passa ara, utilitzem el verb en **present**.
- Quan volem indicar que una acció encara ha de passar, fem servir el verb en **futur**.

14 **Copia aquestes frases a la llibreta i subratlla'n els verbs segons el codi de colors següent.**

present **passat** **futur**

a) La meva cosina vivia a Olot, però ara viu a Llavaneres.
b) La setmana pròxima marxarem de vacances i visitarem els pobles de la comarca.
c) L'Alba menja un entrepà de formatge.

Recorda
De vegades un verb en passat pot acabar en -ava o -ia: jug**ava** i lleg**ia**.

15 **Escriu les frases següents amb el temps verbal correcte:**

a) Demà en Sergi (beure) ____ orxata.
b) Ara la meva germana (dormir) ____ la migdiada.
c) Quan jo era petit (menjar) ____ farinetes.

La essa sorda i la essa sonora

Si llegeixes en veu alta els mots d'aquests dos grups de paraules i et fixes en les lletres destacades, t'adonaràs que sonen de manera diferent:

bossa

mussol

ase

tresor

ceba

pinça

pinzell

zebra

- El so de la **essa sorda** el representem amb **s, ss, c, ç.**
- El so de la **essa sonora** el representem amb **s, z.**

16 **Classifica aquestes paraules:**

serra – força – quinze – música – pèsol – feliç
préssec – cirera – zoològic – casa

Essa sorda	Essa sonora

17 **Totes aquestes paraules contenen el so de la essa sorda. Copia-les a la columna corresponent.**

plaça – cendra – escurçó – saler – nas
lluç – cinta – passeig – forçut – classe

s	ss	c	ç

18 **Totes aquestes paraules contenen el so de la essa sonora. Copia-les a la columna corresponent.**

zebra – tresor – cosir – esmorzar – zona
ase – dotze – brusa – desert – oasi

s	z

ETS UNA PESADA!

1 Quina d'aquestes situacions correspon a la situació que acabes d'escoltar?

2 Com es diuen els protagonistes de l'audició?

3 Qui posa pau en el conflicte?

4 A què juguen la resta de nens i nenes?

5 Imagina't que tu ets el monitor d'aquesta escena. Què hauries fet per resoldre el conflicte? Explica-ho en veu alta a la resta de la classe.

HEM TREBALLAT...

Continguts

LÈXIC

- Les **paraules sinònimes** tenen el mateix significat: molla i xopa.
- Les **paraules antònimes** tenen significats oposats: molla i eixuta.

EXPRESSIÓ ESCRITA

- Una **auca** és un conjunt de dibuixos, acompanyats cadascun d'un text, generalment en forma de rodolí, que expliquen una història.

GRAMÀTICA

- Per indicar que una acció ja ha tingut lloc, fem servir el verb en **passat**.
- Si volem indicar que l'acció passa ara, utilitzem el verb en **present**.
- Quan volem indicar que una acció encara ha de passar, fem servir el verb en **futur**.

ORTOGRAFIA

- El so de la **essa sorda** el representem amb **s**, **ss**, **c**, **ç**.
- El so de la **essa sonora** el representem amb **s**, **z**.

Competències bàsiques

1 **Torna a llegir els rodolins de l'activitat 12 i escriu-los a la llibreta. Memoritza'ls i recita'ls a la resta de la classe.**

Expressió escrita i oral

Produir i llegir un text retòric tenint en compte la situació comunicativa.

Practica'n + al quadern de competències bàsiques

14

L'ENTREVISTA

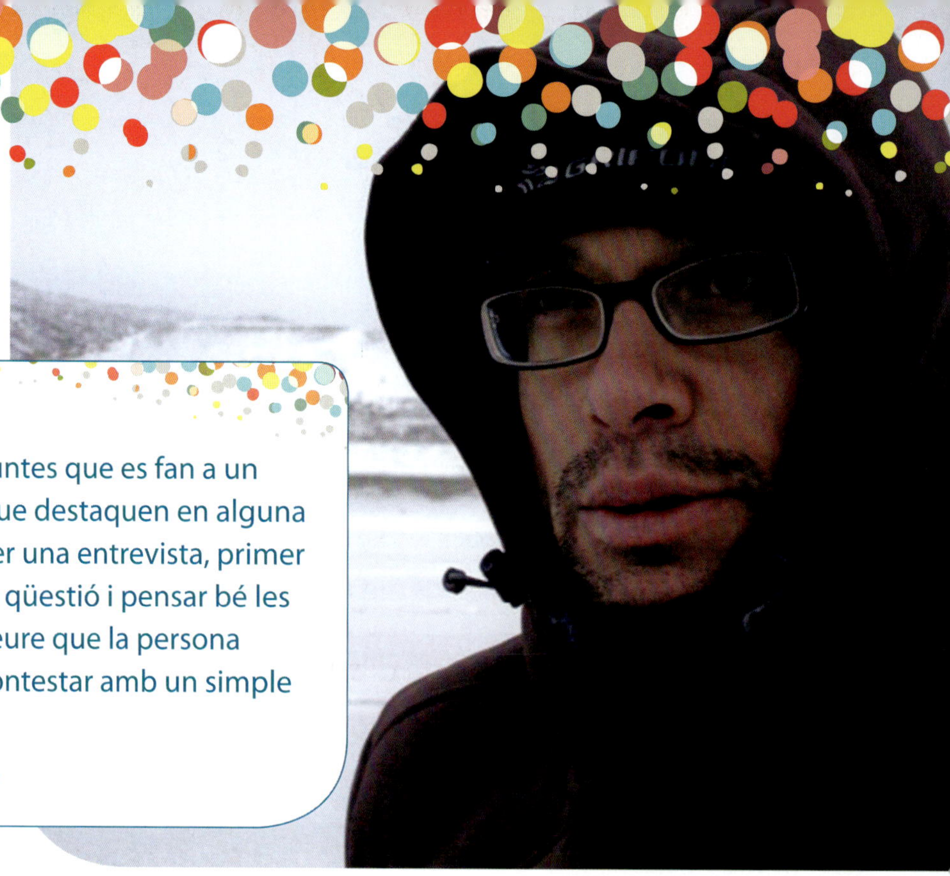

Abans de llegir

Una **entrevista** és un conjunt de preguntes que es fan a un personatge o a un grup de persones que destaquen en alguna cosa que pot interessar als altres. Per fer una entrevista, primer cal informar-se sobre el personatge en qüestió i pensar bé les preguntes. En pensar-les, s'ha de preveure que la persona o persones entrevistades no puguin contestar amb un simple «sí» o «no».

- Qui t'agradaria entrevistar? Per què?

L'entrevista d'avui la dedicarem a un campió de campions: Eric Villalón.

Per als qui no us soni de res aquest nom, us farem saber que l'Eric és un esportista professional, campió paralímpic en esquí alpí, que al llarg de la seva vida esportiva ha guanyat cinc medalles d'or, tres de plata i una de bronze.

L'Eric va néixer l'any 1973 a Barcelona. Quan va néixer ja era gairebé cec, només té el 5 % de visió. Tot i així, des de ben petit, els seus pares el van educar com la resta de nens i nenes de la seva edat.

El seu caràcter i el seu instint de superació personal han fet que avui en dia l'Eric sigui un gran esportista i també un valent expedicionari.

L'any 2009, juntament amb dos amics també discapacitats, va fer una llarga travessa cap al pol Sud. L'expedició, anomenada Pol Sud Sense Límits, va ser un èxit. Els van acompanyar dos guies. Tot i ser un repte personal i esportiu, la travessa va servir també per dur a terme experiments científics.

Eric, a quina escola vas anar de petit?
Vaig anar a tres escoles diferents: a l'escola Joan Bruguera i al CEIP Verd (conegut com «el Col·legi Verd»), de Girona, i també a l'Escola Casa Nostra, de Banyoles.

A quina edat vas començar a esquiar?
Vaig començar a esquiar als quatre anys, a la Cerdanya. Practicava aquest esport a les pistes de la Molina, la Masella i la Cerdanya francesa.

I no et feia por, esquiar sense veure-hi pràcticament res?
No, gens. El fet de gairebé no veure-hi no m'ha impedit mai fer el que m'ha agradat, tant de petit com ara de gran. Si tota la família anàvem a esquiar, jo hi anava, i si es feia qualsevol altra cosa, doncs també la feia.

Quantes hores entrenes durant la temporada d'esquí?
Unes tres o quatre hores al dia. Durant els mesos de competicions has de treballar de valent per poder arribar ben preparat a les proves. Compto amb un bon equip per fer-ho: un guia, un entrenador, un preparador físic, un fisioterapeuta... En fi, amb tot l'equip que m'envolta treballem de valent per poder fer bé la feina i obtenir bons resultats.

Practiques altres esports? Quins?
Sí, practico la vela, la bicicleta de muntanya, l'alta muntanya, el barranquisme i d'altres.

A banda de l'esport, a què et dediques?
Treballo a la Federació Catalana d'Esports per a Cecs i Deficients Visuals, situada a l'edifici de l'ONCE de Barcelona.

El **guia esportiu** és la persona que no té discapacitat visual i que, mitjançant la veu o el material que calgui, dirigeix i acompanya l'esportista cec o deficient visual.

Les modalitats en les quals és necessari un guia són:

- atletisme
- ciclisme
- esquí
- hípica
- muntanya
- vela

T'agrada la teva feina? Per què?

M'agrada moltíssim perquè d'aquesta manera puc ajudar altres esportistes a qui, com a mi, els apassiona l'esport. Des de la Federació es gestiona tot allò que es refereix a l'esport de competició de les persones amb discapacitat visual (documentació, llicències esportives, organització d'activitats, etc.).

Quin és el proper repte que tens pensat?

M'agradaria participar a la Barcelona World Race, que és una regata a vela amb dos tripulants que consisteix a fer la volta al món.

Què diries als nens i nenes que tenen algun problema físic i que no s'atreveixen a començar un esport o aventura personal?

Doncs que no s'hi valen les excuses. Amb un bon aprenentatge i si tens clar allò que t'agrada pots aconseguir fer realitat el que et proposis. El fet de tenir una mancança física no vol dir que no puguis fer les coses que t'agraden.

Creus que tothom pot aconseguir fer realitat els seus somnis?
N'estic convençut, sempre que tinguis clar quin és el teu somni. A vegades cal fer els somnis realitat i descobrir que no tens límits.

Et molesta que et diguin «discapacitat»?
No, en absolut. Tots som discapacitats en alguna cosa i en algun moment de la vida. Les discapacitats no sols són físiques, també en tenim d'emocionals.

A qui deus aquesta energia i ganes de tirar endavant?
A la família i també a mi mateix. Cadascú ha de crear les seves pròpies eines per tirar endavant. A mi, de petit, no em van tractar mai com una persona diferent.

Moltes gràcies, Eric, i bona sort amb els nous projectes!

VOCABULARI

1 **Busca al diccionari el significat d'aquestes tres paraules:**

expedicionari

travessa

barranquisme

2 **Encercla a la llibreta la resposta correcta.**

a) En quin esport competeix l'Eric?

En natació. – En vela. – En esquí alpí. – En ciclisme.

b) On va arribar en la llarga travessa en què va participar l'any 2009?

A l'Antàrtida. – A Oceania. – A l'Equador.

c) A quina edat va començar a esquiar?

Als quatre anys. – Als catorze anys. – Als vint-i-quatre anys.

3 **Escriu a la llibreta els noms dels esports que requereixen la feina d'un guia esportiu que acompanyi l'esportista discapacitat per poder competir.**

4 **Pensa en un personatge que t'agradaria entrevistar. Apunta a la llibreta les preguntes que li faries per conèixer més detalls de la seva vida personal i professional.**

Les paraules compostes

Fixa't en les paraules panxacontent i busca-raons. Són **paraules compostes**:

panxa + content = panxacontent

buscar + raons = busca-raons

– Les **paraules compostes** estan formades per dues paraules.

5 **Forma paraules compostes relacionant els mots de la columna de l'esquerra amb els de la dreta.**

obre	cel
trenca	sol
para	nous
salva	llavis
pinta	vides
grata	llaunes

6 **Identifica cada paraula composta de l'activitat anterior amb aquestes imatges:**

a

b

c

d

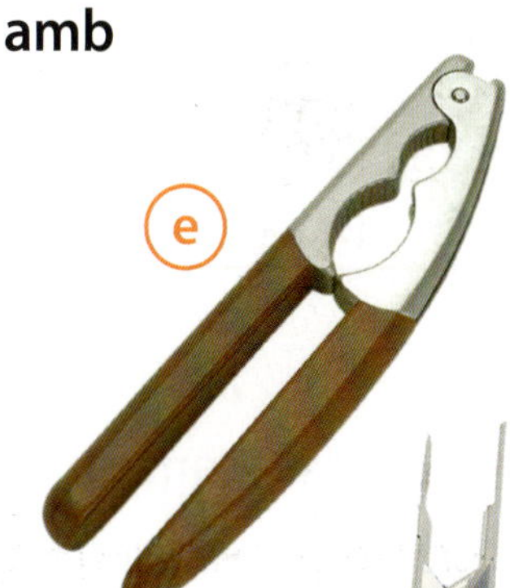
e

f

La descripció d'oficis

L'OFICI QUE MÉS M'AGRADA

I encara més
si us deia l'ofici de paleta:
de paleta que en sap
i basteix aixoplucs.
El mateix fan un porxo com una xemeneia
–si ho volen
sense escales
pugen al capdamunt;
fan també balconades que hom veu la mar de lluny
–els finestrals que esguarden tota la serralada,
i els capitells
i els sòcols
i les voltes de punt.
Van en cos de camisa com gent desenfeinada!
Oh, les cases que aixequen d'un tancar i obrir d'ulls!

Joan SALVAT-PAPASSEIT (fragment)

En aquest poema l'autor fa servir paraules relacionades amb el món dels paletes per descriure aquest ofici de la manera més exacta possible.

Ofici	Què fa?	Com va vestit?	Quins objectes utilitza?
Paleta	Basteix aixoplucs.	En cos de camisa.	L'escala.

– Quan **descrivim un ofici** i expliquem en què consisteix, quines eines s'hi utilitzen i com van vestides les persones que fan aquesta feina, cal fer servir paraules tan precises com sigui possible.

7 **Relaciona cada estri amb un ofici.**

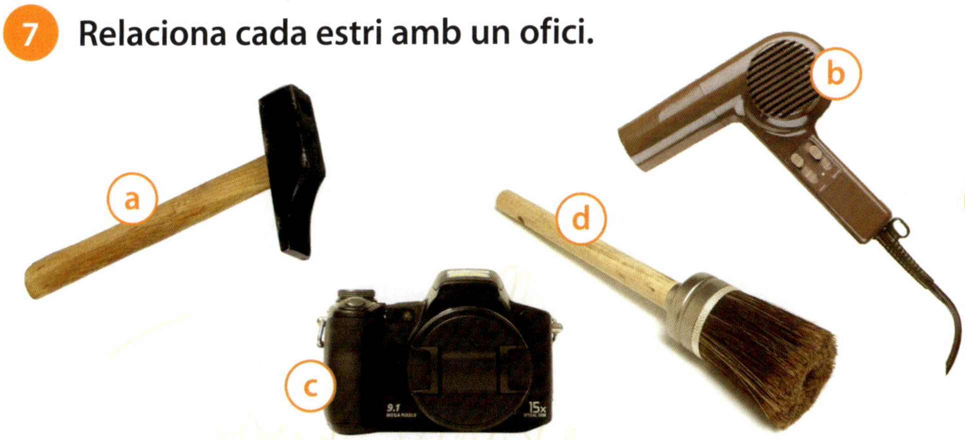

perruquera

pintor

fotògrafa

fuster

8 **Canvia el verb d'aquestes frases per un altre amb un significat més precís:**

cuina – fabrica – escriu – dibuixa

a) L'àvia fa uns canelons boníssims. → L'avia cuina uns canelons boníssims.
b) L'escriptora J. K. Rowling fa un altre llibre de Harry Potter.
c) L'arquitecte fa els plànols de l'edifici.
d) Aquesta empresa fa paper.

9 **Observa aquests oficis:**

- Quin t'agrada més? Descriu-lo utilitzant paraules tan precises com et sigui possible.

L'infinitiu

EL RELLOTGE

El rellotge corre, corre
i no es mou del mateix lloc.
Una busca va de pressa,
l'altra gira a poc a poc.
La llarga li diu a la curta:
–Au!, que no m'atraparàs!

Joana RASPALL (fragment)

Fixa't que corre pertany al verb córrer; mou és del verb moure; gira, del verb girar, i diu pertany al verb dir.

Les paraules córrer, moure, girar i dir són noms de verbs. El nom dels verbs s'anomena **infinitiu**.

Els infinitius es classifiquen en tres grups o conjugacions segons com acabin:

1a conjugació (acabats en -ar)	2a conjugació (acabats en -er o -re)	3a conjugació (acabats en -ir)
girar	córrer, moure	dir

– L'**infinitiu** és el nom del verb.

10 **Escriu l'infinitiu d'aquestes formes verbals:**

jugueu – llegeixo – ballaran – riuran

11 **Fixa't en la terminació d'aquests infinitius i digues de quina conjugació són:**

escriure – menjar – perdre – ballar – dormir – fer
seure – tenir – pujar – créixer – atrapar – sortir

Les grafies *x* i *ix*

xocolata

peix

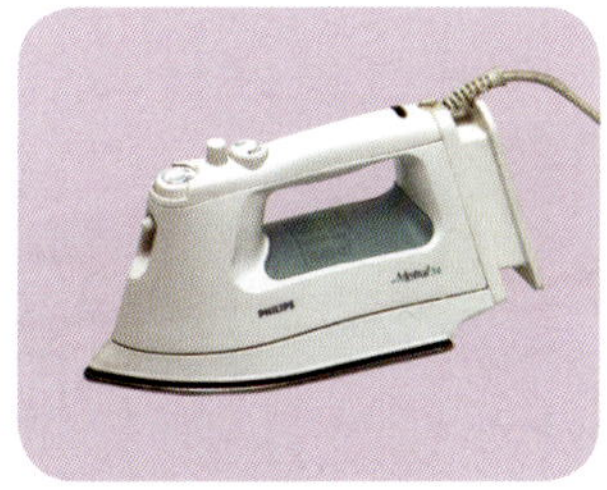

planxa

vaixell

Les lletres destacades d'aquestes paraules sonen igual. Es tracta d'un mateix so que es pot representar de dues maneres: amb x o amb ix.

Observa quan fem servir x i quan fem servir ix per representar el so de la x de xocolata:

x		ix	
Principi de paraula	Després de consonant	Després de vocal	Final de paraula
xocolata	planxa	vaixell	peix

– Per representar el so de la x de xocolata:
- escrivim **x** a principi de paraula i després de consonant;
- escrivim **ix** després de vocal i a final de paraula.

12 **Classifica aquests mots a la columna corresponent:**

xampú – calaix – punxa – gronxador – caixa – panxa
coixinera – xinxeta – xoc – dibuix – coix

x	ix

13 **Completa les paraules amb x o ix a la llibreta.**

____iclet	pe____era	por____o	que____al
____ar____a	gre____	rín____ol	____eringa

AVUI ENTREVISTEM...

1 **Com es diu el noi entrevistat?**

2 **Què està estudiant?**

3 **Quins projectes té pensat dur a terme?**

4 **Per parelles, jugueu a l'entrevista.**

a) Un membre de la parella fa de locutor de ràdio i pensa preguntes per fer a un personatge conegut o famós.

b) L'altre fa de personatge conegut o famós i contesta les preguntes.

c) Assageu l'entrevista i, quan la tingueu apresa, representeu-la a la classe.

HEM TREBALLAT...

Continguts

LÈXIC

– Les **paraules compostes** estan formades per dues paraules.

EXPRESSIÓ ESCRITA

– Quan **descrivim un ofici** i expliquem en què consisteix, quines eines s'hi utilitzen i com van vestides les persones que fan aquesta feina, cal fer servir paraules tan precises com sigui possible.

GRAMÀTICA

– L'**infinitiu** és el nom del verb.

ORTOGRAFIA

– Per representar el so de la x de xocolata:
- escrivim **x** a principi de paraula i després de consonant;
- escrivim **ix** després de vocal i a final de paraula.

Competències bàsiques

1 **Copia la primera taula de la pàgina 169. Després torna a llegir el poema de la pàgina 166 i busca-hi paraules que tinguin el so de la x de xocolata. Classifica-les segons la seva grafia.**

Expressió escrita

Revisar un text i cercar-ne lèxic específic segons les normes ortogràfiques.

Practica'n + al quadern de competències bàsiques

15

EL RIURE DE LA HIENA

Abans de llegir

Aquesta **llegenda** és molt popular en alguns països del centre de l'Àfrica, on estan acostumats a conviure amb hienes.

La llegenda que llegiràs explica per què les hienes tenen un «riure» tan particular i característic.

- T'agraden les llegendes que parlen d'animals? Per què?

Sabíeu que les hienes en lloc de rugir, com els lleons, emeten un so semblant a una rialla? Llegiu aquest conte i sabreu quan i com va ser que les hienes van començar a riure...

Al mig de la sabana, al peu d'una acàcia, hi vivia una tortuga. Tenia una aparença ben tranquil·la, havia viatjat molt i molt i havia estat gairebé pertot arreu.

Un dia en què el sol picava de valent, es va aturar sota l'ombra de la gran acàcia i va decidir que, de moment, no viatjaria més.

La tortuga s'estava al peu de l'arbre ben quieta, tant, que quan amagava el cap dins de la closca semblava talment una pedra.

Una hiena que passava per allà va murmurar: «Em sembla que aquesta pedra és nova... Si almenys es pogués menjar...».

Al cap d'una estona, la tortuga havia estirat el cap fora de la closca, i a poc a poc, anava rosegant les herbes que hi havia prop seu.

Quan la hiena ho va veure, va mormolar entre dents: «I ara, si no és una pedra... és una tortuga». I després va pensar: «I si m'hi diverteixo una mica?». I així va ser, la hiena es va apropar sigil·losament a la tortuga fins que li va saltar a sobre i la va llançar fins al capdamunt de l'acàcia.

acàcia: arbre que té unes fulles petites i el fruit en forma de mongeta tendra.

mormolar entre dents: dir en veu molt baixa, de manera que no s'entengui.

sigil·losament: amb precaució.

–Quina sort, eh, tortuga? Des d'aquí tindràs una vista ben agradable! –va dir-li la hiena, però sense riure, perquè en aquella època les hienes encara no reien com ho fan ara.

La pobra tortuga no podia baixar de l'arbre. I així va estar-se tot el dia, demanant ajuda amb la seva veu feble.

L'endemà al matí, a l'hora en què el sol fa bullir les peres, el lleopard es va apropar a l'acàcia i, en sentir els planys de la tortuga, la va ajudar a baixar.

La tortuga, agraïda, li va dir:

–Demana'm el que vulguis.

–El que vulgui? –va dir.

El lleopard es va mirar la seva pell ben llisa, perquè en aquella època el lleopard encara no tenia taques a la pell, i li va dir:

–N'estic una mica tip, de tenir la pell tan llisa...

La tortuga no el va deixar acabar que, de sobte, li va dir:

–Posa't aquí, sota aquestes branques de l'acàcia.

El lleopard ho va fer i damunt la seva pell es va reflectir l'ombra de les fulles i de les branques de l'acàcia. A partir d'aleshores, la seva pell ja no va ser mai més llisa, sinó tota clapejada.

clapejada: plena de taques.

Aquell mateix dia el lleopard es va trobar la zebra, que en aquella època tenia la pell tota blanca, i li va preguntar com havia aconseguit aquelles taques tan maques. El lleopard li ho va explicar i la zebra se'n va anar a veure de seguida la tortuga.

Quan hi arribà, la tortuga li va dir:

–Posa't aquí, rere aquestes herbes tan altes.

La zebra ho va fer, i el sol ponent va projectar sobre la seva pell blanca l'ombra llarga i prima d'un miler d'aquelles herbes. A partir d'aleshores, la seva pell ja no va ser mai més blanca, sinó tota ratllada.

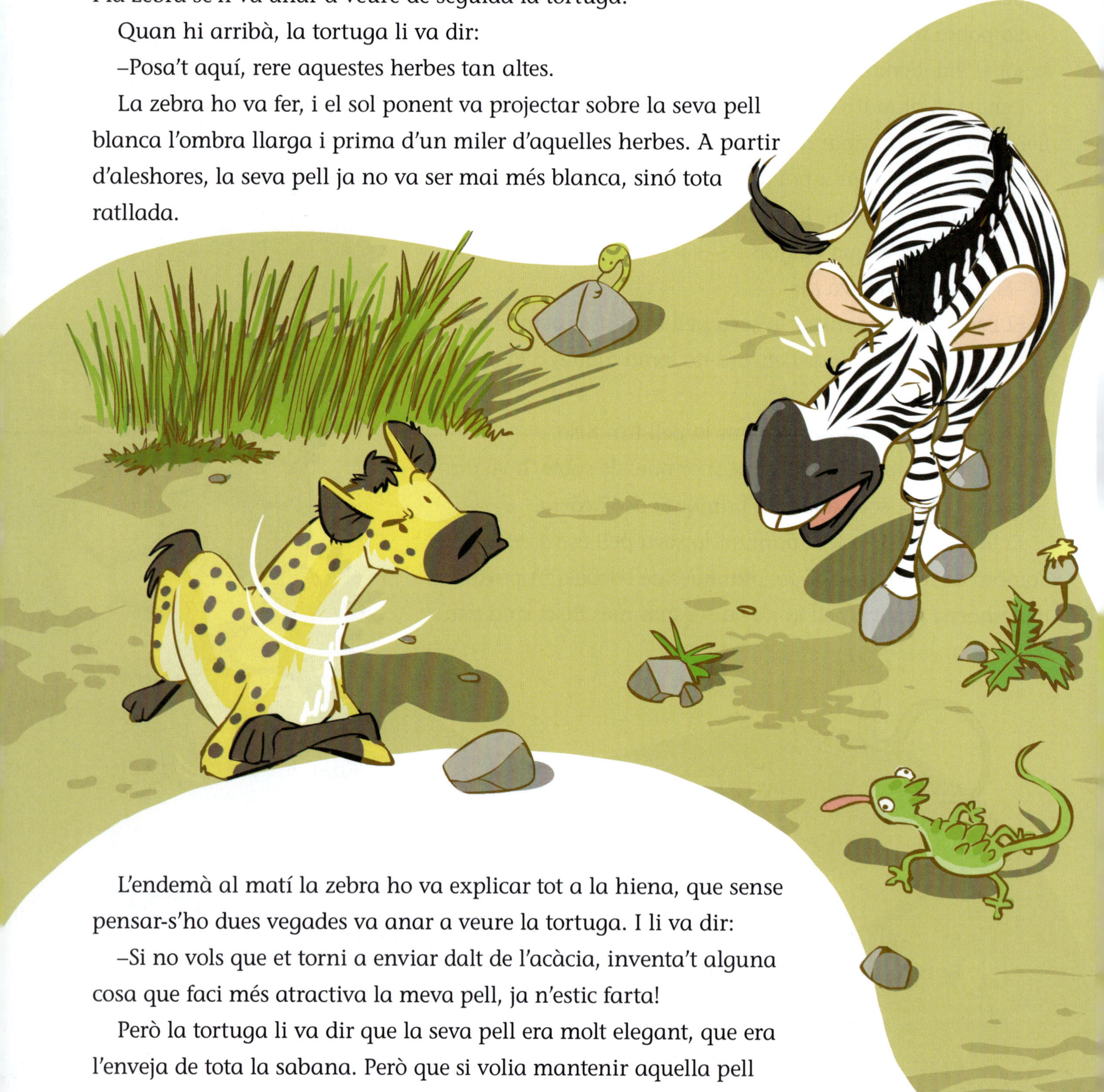

L'endemà al matí la zebra ho va explicar tot a la hiena, que sense pensar-s'ho dues vegades va anar a veure la tortuga. I li va dir:

–Si no vols que et torni a enviar dalt de l'acàcia, inventa't alguna cosa que faci més atractiva la meva pell, ja n'estic farta!

Però la tortuga li va dir que la seva pell era molt elegant, que era l'enveja de tota la sabana. Però que si volia mantenir aquella pell s'havia de cuidar.

–Menja cada dia uns quants branquillons i algunes fulles d'acàcia i no hauràs de patir més.

I així ho va fer. Després de cada àpat, la hiena es prenia aquelles fulles i branquillons difícils d'empassar, ja que ella estava acostumada a menjar carn. De sobte, de tant menjar, se li va fer un tap i les fulles li van fer pessigolles a la gola... i va començar a riure!

I fou així que la hiena va començar a riure. Des d'aquell dia, no es pot apropar a ningú silenciosament perquè el seu riure la delata. I és per això que no pot caçar, perquè les preses, en sentir-la, fugen corrents. I és per això també que es va haver d'acostumar a menjar només animals morts.

Ramon GIRONA (adaptació)

VOCABULARI

1. **Què significa a l'hora en què el sol fa bullir les peres? Copia la resposta correcta a la llibreta.**

   a) A l'hora en què fa més fresca del dia.
   b) A l'hora en què fa més calor del dia.
   c) A l'hora d'anar a menjar les postres.

2 **Qui ajuda la tortuga a baixar de l'acàcia?**

3 **Què fa la zebra després d'aconseguir les seves ratlles?**

4 **Què diu la tortuga a la hiena? Per què li ho diu?**

5 **Per què a la hiena li acaba picant la gola?**

6 **Per què la hiena, a partir de llavors, menja animals morts?**

7 **Ordena i escriu les frases en l'ordre correcte.**

1. La zebra es posa rere unes herbes altes que li projecten l'ombra.
2. La tortuga s'atura a l'ombra d'una acàcia.
3. La hiena no pot parar de riure perquè li pica la gola.
4. La hiena posa la tortuga al capdamunt de l'arbre.
5. La hiena menja fulles i branquillons.
6. El lleopard explica a la zebra com ha aconseguit les taques.

Els camps semàntics

CAPSA DE COLORS

Blau de tinta envellida,
groc de llimona adormida.
Vermell del sol ponent,
verd de fulla creixent.
Marró de tronc clivellat,
rosa de pètal tancat.

Lola CASAS (fragment)

Les paraules destacades pertanyen a un mateix grup: el grup dels colors. Diem, doncs, que pertanyen al **camp semàntic** dels colors.

– Un **camp semàntic** és un conjunt de paraules que es refereixen a un mateix tema (els colors, el cos humà, etc.).

8 **Classifica les paraules següents a la columna del camp semàntic al qual pertanyen:**

onada – cérvol – sorra – cirera – esquena – elefant – nas
tortuga – poma – platja – maduixa – turmell

Fruites	Mar	Animals	Cos
cirera			

9 **Cada grup de paraules pertany a un camp semàntic determinat. Ratlla a la llibreta la paraula que no hi correspon en cada cas.**

a) nas – llavis – pestanya – cor – orella
b) rap – dofí – tauró – conill – sardina
c) joier – bomber – perruquera – noia – cartera
d) magdalena – cirera – poma – taronja – préssec

L'entrevista

SEBASTIÀ SORRIBAS, escriptor i autor del llibre *El zoo d'en Pitus*

Com va sorgir la idea d'escriure *El zoo d'en Pitus*?
Ui!, fa molts anys, d'això. Devia ser una mena de... d'impuls. Reflectia històries de les colles de quan jo era petit. Al barri on vivia de nen, hi havia molta gent necessitada i pobra, i també altra gent disposada a ajudar els altres.

Vostè, què diria: l'escriptor neix o es fa?
Home, jo diria que es fa. Però mira, és veritat que jo sempre he tingut molta memòria, he recordat sempre moltes vivències, molts moments, molts detalls...

Quan era petit, a quin personatge del llibre s'assemblava més?
A cap. Jo vaig créixer al Barri Xinès de Barcelona i també al poble de Sallent, i era molt apreciat a les colles d'amics, tant en un lloc com en l'altre. Al meu barri hi havia gent que passava gana però, per sort, a casa nostra no en vam passar.

Quin és per vostè el millor llibre que ha escrit?
Mira, jo tinc quatre néts i m'és impossible dir quin m'estimo més de tots. Amb els llibres que he escrit em passa el mateix. Ara... potser *El zoo d'en Pitus* és el més rodó.

Cavall Fort, núm. 1072 (adaptació)

– En una **entrevista** una persona fa preguntes a una altra per saber com és, què fa, què pensa, etc. En les entrevistes el tractament que es fa servir és gairebé sempre de **vostè**.

10 **Relaciona les preguntes amb les respostes i torna a escriure l'entrevista de manera ordenada.**

a) Com es diu? On va néixer?
b) De què treballa?
c) Li agrada la feina que fa?
d) Què és el que li agrada més?

1. Fa quinze anys que sóc periodista. Vaig estudiar uns quants anys a la Universitat de Barcelona i després vaig acabar la carrera a Milà.
2. Em dic Arnau Valls i vaig néixer a Terrassa.
3. Sí, m'agrada molt, perquè em permet viatjar per tot el món.
4. El que més m'agrada és cobrir les notícies d'esports, tot i que també m'interessa molt l'actualitat política.

11 **Fixa't en aquests personatges:**

Imagina que els has de fer una petita entrevista. Quina d'aquestes preguntes triaries per a cadascun?:

a) Quan fas una dolenteria, qui s'enfada més: el pare o la mare?
b) Com funciona la teva escombra?
c) Què cal estudiar per ser bruixa?
d) Quins jocs t'agraden més?
e) Són dolentes, com diuen, les bruixes?
f) A quina classe vas?

12 **Pensa en un personatge famós que t'agradaria entrevistar. Després, apunta les preguntes que li faries.**

El verb *haver*

El verb haver serveix per formar temps compostos:

Les formes verbals han entrat i havies marxat són formes compostes, perquè estan formades per dues paraules. La primera paraula de cada forma, han i havies, pertany al verb haver.

– El verb **haver** serveix per formar temps compostos.

13 **Apunta les altres formes verbals compostes amb el verb haver que hi ha a la historieta.**

Recorda

El verb haver sempre s'escriu amb h i v.

14 **Escriu a la llibreta aquestes frases amb una forma del verb haver:**

a) Avui _____ plogut molt.
b) Quan l'Anton va arribar, els avis ja _____ marxat.
c) Aquest matí la mare _____ portat les sabates a cal sabater.
d) Vine a les vuit, que l'Alba i jo ja _____ acabat de sopar.

La lletra *h*

La paraula hort comença amb la lletra h. Com que aquesta lletra no sona, la coneixem com a **consonant muda**.

La majoria de paraules que porten h no segueixen cap norma ortogràfica. Per això, és important memoritzar les que en porten i consultar el diccionari en cas de dubte.

– La forma hi ha sempre s'escriu amb **h**.

15 **Quins d'aquests noms porten h? Apunta'ls a la llibreta.**

16 **Forma paraules ordenant les lletres següents i anota-les correctament a la llibreta:**

PIHOSTAL **MEHO** **CÀHURA** **TELHO**

ON SÓC?

Conversa 1

Conversa 2

Conversa 3

1. Fixa't en les imatges anteriors i identifica a quin lloc passa cadascuna de les converses.

2. Quins personatges intervenen en cada conversa?

3. Per parelles, inventeu una conversa. Trieu un lloc on passarà, el tema de què parlareu i quin personatge representareu cadascun. Assageu-la i, quan la tingueu ben preparada, representeu-la davant de la resta de la classe.

HEM TREBALLAT...

Continguts

LÈXIC

– Un **camp semàntic** és un conjunt de paraules que es refereixen a un mateix tema (els colors, el cos humà, etc.).

EXPRESSIÓ ESCRITA

– En una **entrevista** una persona fa preguntes a una altra per saber com és, què fa, què pensa, etc. En les entrevistes el tractament que es fa servir és gairebé sempre de **vostè**.

GRAMÀTICA

– El verb **haver** serveix per formar temps compostos.

ORTOGRAFIA

– La forma hi ha sempre s'escriu amb **h**.

Competències bàsiques

1 **Copia a la llibreta la taula que tens a continuació. Després, torna a llegir la lectura de l'inici de la unitat i classifica-hi les paraules dels camps semàntics indicats.**

Animals	Cos	Temps

Expressió escrita

Revisar un text i buscar-ne lèxic específic.

Practica'n + al quadern de competències bàsiques

AVALUACIÓ DIAGNÒSTICA

El lleó i el ratolí

COMPRENSIÓ LECTORA

Llegeix atentament el text i respon les preguntes.

Hi havia una vegada un ratolí que jugava amb un altre ratolí en un descampat de la selva. Allà mateix, a l'ombra d'un arbre, hi havia un lleó intentant fer la migdiada. Els ratolins, però, feien tant de rebombori que no el deixaven dormir.

Vet aquí que, en un moment del joc, un dels ratolins va caure damunt l'esquena del lleó. I aquest, molt enfadat, el va engrapar amb les urpes.

Ben atemorit, el ratolí li digué:

–Lleó, si em perdones la vida et prometo que t'ajudaré sempre que et faci falta.

El lleó primer es va quedar tot parat, però ràpidament va esclatar a riure!

–Tu, ajudar-me? Això sí que té gràcia, un petit i minúscul ratolí oferint-me ajuda a mi, que sóc el rei de la selva! Au, fuig d'aquí!

I de tanta gràcia que li va fer, el va deixar anar.

Però al cap d'un temps, un dia que el mateix lleó anava despistat per la selva va caure en un parany i va quedar penjat d'una xarxa al capdamunt d'un arbre. No sabia com deslliurar-se'n, i va començar a rugir ben fort de ràbia.

El ratolí va sentir els rugits i ràpidament va acudir allà on era el lleó disposat a complir la seva promesa. Sense pensar-s'ho dues vegades, es va enfilar fins al capdamunt de l'arbre i va començar a rosegar la xarxa una vegada i una altra. Fins que al final la xarxa es va trencar i el lleó va quedar en llibertat.

El lleó va donar les gràcies al ratolí i li demanà disculpes per haver dubtat d'ell. Des d'aquell dia, van ser amics per sempre més.

Jean de La Fontaine (faula popular)

AVALUACIÓ DIAGNÒSTICA

1 **On té lloc la història que s'explica a la faula?**

a) A la sabana.
b) A la selva.
c) Al desert.
d) Al bosc.

2 **Per què el lleó es riu del ratolí?**

a) Perquè li fa pessigolles.
b) Perquè creu que és molt valent.
c) Perquè creu que no el pot ajudar.
d) Perquè li ha fet una broma.

3 **Què significa la paraula parany?**

a) Engany.
b) Precipici.
c) Pou.
d) Trampa.

4 **Què fa el lleó quan es queda penjat de l'arbre?**

a) Es posa a plorar.
b) Comença a menjar.
c) Es posa a rugir.
d) Crida el ratolí.

5 **Com acaba, aquesta faula?**

a) El lleó es menja el ratolí.
b) El lleó i el ratolí es fan enemics.
c) El ratolí ajuda el lleó.
d) El lleó s'allibera tot sol.

EXPRESSIÓ ESCRITA

6 **Escriu quina lliçó s'aprèn de la faula que acabes de llegir.**

7 **Posa els signes de puntuació que falten en aquesta frase:**

, ? ! ¿ ¡

Tu___ ajudar-me___ Això sí que té gràcia___ un petit i minúscul ratolí oferint-me ajuda a mi___ que sóc el rei de la selva___ Au, fuig d'aquí___

AVALUACIÓ DIAGNÒSTICA

L'home de les estrelles

COMPRENSIÓ LECTORA

Llegeix atentament el text i respon les preguntes.

Des que van obrir el supermercat de davant de casa, a la Raquel li encanta treure el cap per la finestra i mirar el carrer. La Raquel ja sap com és un supermercat perquè hi acompanya sovint la mare.

Una tarda va veure una cosa que li va cridar l'atenció: un home vestit amb pantalons negres i una jaqueta de quadres verds i marrons, tots llampants, que estava dret davant la porta de sortida del supermercat.

Tenia una capsa petita a les mans. Els cabells li escassejaven i li començaven a blanquejar, així que devia ser una mica gran.

Què hi havia d'especial en aquell home? Semblava una estàtua, palplantat enmig d'aquell formiguer! A la Raquel li va cridar l'atenció que les persones que caminaven al seu voltant li passaven com si no existís, com si en realitat no hi fos. Vet aquí el que era estrany de debò: ni una mirada, ni un gest, ni una paraula.

Aquell individu semblava que fos transparent per alsv homes i les dones que s'hi creuaven.

Engrescada per aquell descobriment que acabava de fer, va cridar impacient la mare.

–Què vols, nena? –va preguntar la mare en arribar a la finestra.

–Veus aquell senyor de la vorera, el que està parat davant la porta del supermercat? El que té els cabells blancs. Que no el veus?

–Doncs no, no veig ningú amb els cabells blancs –va respondre la mare.

«És invisible, ara n'estic segura», va pensar la Raquel.

Agustín FERNÁNDEZ PAZ, *Em dic Skywalker* (adaptació)

1 **Com va vestit l'home que veu la Raquel?**

a) Amb una jaqueta negra.
b) Amb una jaqueta de quadres verds i marrons.
c) Amb una jaqueta groga.
d) Sense jaqueta.

2 **Què significa que els cabells li escassejaven?**

a) Que en tenia molts.
b) Que els tenia blancs.
c) Que en tenia pocs.
d) Que no tenia gens de cabell.

3 **Des d'on veu l'home, la Raquel?**

a) Des de la cuina.
b) Des de la finestra.
c) Des de la porteria de casa.
d) Des del terrat.

4 **Què vol dir que l'home estava palplantat?**

a) Que estava estirat.
b) Que era al costat d'un arbre acabat de plantar.
c) Que estava dret, ben quiet.
d) Que estava assegut.

5 **Com se sent la Raquel després de comprovar que la gent no veu l'home?**

a) Trista.
b) Cansada.
c) Engrescada.
d) Enfadada.

EXPRESSIÓ ESCRITA

6 **Imagina't que et trobes un «home invisible» com el de la narració davant del supermercat del teu barri. Explica, de manera ordenada, què faries.**

7 **Escriu les lletres que falten en aquest text:**

A la Raquel li va cridar l'atenci___ que les persones que camina___en al seu voltant li parla___en com si no e___istira, com si en realitat no hi fos. Vet aquí el que era estrany de deb___: ni una mirada, ni un ___est, ni una paraula.

UNITAT	LECTURA / VOCABULARI / COMPRENSIÓ LECTORA	LÈXIC	EXPRESSIÓ ESCRITA
1	pàg. 4 ESTIMAT MAX Text narratiu: la carta	L'alfabet	La invitació
2	pàg. 16 LA PICABARALLA Text narratiu: la faula	L'ordre alfabètic	El relat: el temps, el lloc, els personatges, els fets i el desenlla
3	pàg. 28 LA ROSA NEGRA Text conversacional: el text teatral	L'ordre de les paraules	El diàleg
4	pàg. 40 QUE DESPISTAT! Text narratiu: el conte	Els grups de paraules i el context	La descripció d'una persona
5	pàg. 52 LA DANSA DE LA PLUJA Text narratiu: el conte	Les paraules desconegudes: el diccionari	Les parts d'una narració: presentació, nus i desenllaç
6	pàg. 64 DESCOBRIM EL JAPÓ! L'article	Les paraules guia	La descripció d'un animal
7	pàg. 76 REPORTER PER UN DIA Text narratiu: la notícia	L'entrada de diccionari	La notícia
8	pàg. 88 EL CÒMIC Text narratiu: el còmic	Les paraules derivades	El còmic: vinyetes, bafarades, onomatopeies i símbols
9	pàg. 100 EL CONILL NAN Text instructiu: com tenir cura d'un animal	Els diminutius i els augmentatius: *-et*, *-eta*, *-ó*, *-ona*, *-às*, *-assa*, *-ot*, *-ota*	La recepta
10	pàg. 112 LISBOA, UNA CIUTAT AMB ENCANT Text descriptiu i explicatiu: la guia turística	Els noms d'oficis i establiments: *-er*, *-era*, *-ista*, *-or*, *-ora*, *-eria*	La postal
11	pàg. 124 POESIA, DE CAP A PEUS! Text retòric: el poema	La comparació: els nexes comparatius *com*, *tan... com*, *sembla*, *més... que* i *menys... que*	El poema: títol, vers, estrofa i rima
12	pàg. 136 ABEL, L'AVENTURER Text narratiu: el conte	El món dels nombres: cardinals i ordinals	La planificació d'un conte
13	pàg. 148 L'OFICINA DEL PARE Text narratiu: el conte	Els sinònims i els antònims	L'auca
14	pàg. 160 L'ENTREVISTA Text conversacional: l'entrevista	Les paraules compostes	La descripció d'oficis
15	pàg. 172 EL RIURE DE LA HIENA Text narratiu: la faula	Els camps semàntics	L'entrevista

GRAMÀTICA	ORTOGRAFIA	EXPRESSIÓ ORAL
La frase	La majúscula	HISTÒRIES DE L'ÀVIA El relat de vivències
Tipus de frases: enunciatives, interrogatives i exclamatives	Els signes de puntuació	VOLS RIURE? Els acudits
El subjecte i el predicat	La síl·laba: tònica i àtona	INTERFERÈNCIES TELEFÒNIQUES La conversa telefònica
Els noms comuns i els noms propis	L'accent: obert i tancat	UNA ORQUÍDIA La conversa
Noms masculins i noms femenins	Els sons de la *e*	EXPLICA'M UN CONTE! Títols de conte
Els noms en singular i en plural	Els sons de la *o*	L'ORNITORINC La descripció d'animals
L'adjectiu	La vocal neutra	ESCOLTEM NOTÍCIES! La notícia
L'article	La *o* àtona	PERSONATGES DE CONTE Els contes populars
Les contraccions	L'apòstrof: els articles *el* i *la* davant vocal i *h*	MÈU, MÈU! Visita al veterinari
Els possessius i els demostratius	La *b*, la *v*, la *m* i la *n*	ESTIC TRIST! L'expressió de sentiments i emocions
Els pronoms personals	Les grafies *g/gu* i *c/qu*	UNA POESIA! La recitació de poemes
El verb: concordança amb el subjecte	La *j* i la *g*	HE LLEGIT UN LLIBRE L'opinió personal
Els temps verbals	La essa sorda i la essa sonora	ETS UNA PESADA! La resolució de conflictes
L'infinitiu: classificació dels verbs en les tres conjugacions	Les grafies *x* i *ix*	AVUI ENTREVISTEM... L'entrevista
El verb *haver*	La lletra *h*	ON SÓC? La conversa

El projecte Duna de Llengua catalana és una obra col·lectiva. En la seva programació, redacció i revisió didàctica hi han participat C. Cañada i l'equip pedagògic d'Editorial Teide.

Aquesta obra ha estat impresa en paper ecològic i totalment reciclable.

Advertiment

D'acord amb la llei, aquest llibre no és un material fungible. Per tant, els exercicis que s'hi proposen no s'han de resoldre in situ, sinó a la llibreta d'activitats. Si al llibre hi ha espais en blanc, requadres buits o línies de punts, és simplement perquè l'alumnat tingui un model o una pauta de resolució.

Pastors de rens. [en línia]. <http://www.super3.cat/infok/5399/Pastors-de-rens/>.

ALBERTÍ, Núria. «Petjades rimades», «Xancleta, estigues quieta!», «Quins esclops». A: *S'obre el teló: sabates en acció!* Barcelona: Edicions del Pirata (El Pirata groc, 48), 2010.

ALIBÉS, Maria Dolors. *Contes per refredar la sopa*. Barcelona: Baula (Ala Delta, 10), 1992.

AMELIN, Michel. *La rosa negra*. Madrid: Bayard (Tiro Liro, 3), 2004.

ARMANGUÉ, Joan. «Dalt de la muntanya». A: *Un gira-sol es gira*. Barcelona: Publicacions de l'Abadia de Montserrat (Els Flautats, 29), 2001.

BOUJON, Claude. *La picabaralla*. Sant Joan Despí: Corimbo, 2009.

CARRANZA, Maite. *Abel, l'aventurer*. Barcelona: Edebé (Tucan, 27), 1993.

CASAS, Lola. «Capsa de colors». A: *Retalls poètics*. Barcelona: Publicacions de l'Abadia de Montserrat (Els Flautats, 29), 2001.

COLOM, Maria Antònia. *Els ànecs de Vilablanca*. Barcelona: Cruïlla (El Vaixell de Vapor, Sèrie blanca, 23), 1992.

CORCAL. «Expedició Taral·lirot». *Reporter Doc* (Barcelona), núm. 185 (2011).

CUADRADO. «Parker i Badger». *Cavall Fort* (Barcelona), núm. 1 156 (setembre 2010).

DESCLOT, MIQUEL. «Cançó del follet de les escombraries». A: *Poesies amb suc*. Barcelona: La Galera, 2007.

— «Rata d'escala». A: *Bestiolari de la Clara*. Barcelona: Baula (Ala Delta, 44), 1992.

FERNÁNDEZ PAZ, Agustín. *Em dic Skywalker*. Barcelona: Cruïlla (El Vaixell de Vapor, Sèrie taronja, 143), 2005.

GIRONA, Ramon. *El riure de la hiena*. Barcelona: Publicacions de l'Abadia de Montserrat (Contes d'Arreu, 1), 2001.

GREGORI, Josep. *Un pare despistat*. Barcelona: La Galera, 1996.

GRINDLEY, Sally. *Estimat Max*. Barcelona: Cruïlla (Cartes i diaris), 2007.

PICANYOL. «Ot, el bruixot». *Cavall Fort* (Barcelona), núm. 1 120 (març 2009).

PORTELL I RIFÀ, Joan. «La dansa de la pluja». *Cavall Fort* (Barcelona).

PRATS, Joan de Déu. «L'oficina del pare». A: *Setze contes divertits i dos de seriosos*. Caldes d'Estrac: Edicions del Pirata (El Pirata Groc, 8), 2005.

RASPALL, Joana. «Una vegada». A: *Degotall de poemes*. Barcelona: La Galera (El Corsari, 24), 1997.

— «El rellotge». A: *Bon dia, poesia!* Barcelona: Baula (Ala Delta, 92), 1998.

SALVAT-PAPASSEIT, Joan. «L'ofici que més m'agrada». A: PUJOL, Maria Antònia; ROIG, Tina. *Recull de poemes per a petits i grans*. Barcelona: Kairós; Associació de Mestres Rosa Sensat, 2001.

VILADOMS, Jordi. «Pesquis i Baliga». *Cavall Fort* (Barcelona), núm. 1 156 (setembre 2010).

WÖLFEL, Úrsula. *Històries de cada dia*. Barcelona: Cruïlla (El Vaixell de Vapor, Sèrie blanca, 20), 1990.

Il·lustració de la coberta

Maria Corte

Il·lustracions

Josep Giró

Disseny gràfic

Marta Isorna, Martirià Pagès

Maquetació

Asensio SCP

Fotografies

AGE Fotostock, Xavier Alamany, Arxiu Teide, Getty Images, Albert Planas, Prisma, Enric Real, Stock Photos-Latin Stock

Agraïments: Mister Guau

Primera edició
Cinquena impressió, 2021

info@editorialteide.com

www.editorialteide.com

ISBN: 978-84-307-1379-0

Dipòsit legal: B-8702-2014

Imprès a Índice SL - Fluvià, 81-87 - 08019 Barcelona